COLLECTION IDÉES

Jean Cazeneuve

Bonheur
et civilisation

nrf

Gallimard

Tous droits de traduction, de reproduction et d'adaptation réservés pour tous les pays.

© *Éditions Gallimard, 1966.*

PREMIÈRE PARTIE

Les Paradis

CHAPITRE PREMIER

Le mot et l'idéal

On s'intéresse beaucoup, dans le monde, à ce que font et pensent les hommes, à ce qu'ils souffrent, à ce qui les inquiète. Fort bien. Mais on parle trop peu de ce qu'ils souhaitent. Châteaux en Espagne, espoirs chimériques, cela, pourtant, il importerait d'en chercher le sens et le pouvoir. Que serait l'existence de l'homme, sans les rêves qu'il caresse, même avec scepticisme ? En tout cas, c'est un fait que nous sommes capables de les forger. Et ce fait est aussi consistant que celui de l'angoisse ou de la douleur. L'homme a le sens du bonheur, de la joie, du plaisir, et même du paradis.

Parlons tout de suite de ce dernier. C'est une façon de regarder les choses par le bon côté de la lorgnette, c'est-à-dire d'emblée en les grossissant. Quand on va jusqu'au bout des rêves optimistes, c'est cela qu'on trouve : le paradis.

On imagine parfois que la question primordiale c'est de savoir si l'on y croit ou non. Mais le paradis, on y peut souvent penser sans y croire, et même encore, inversement, on peut très bien avoir cette foi sans savoir au juste ce qu'elle représente. En tout cas, on le désire, et c'est même ce qui le définit, car le paradis, c'est en somme ce que l'homme peut souhaiter quand il fait un bouquet de tous ses vœux.

Ou, plutôt, cela devrait être ainsi dans la mesure

où rien ne serait bouleversé par le changement de plan, par le passage à l'absolu. Mais, en réalité, tout est compliqué dès qu'il ne s'agit plus de nos aspirations quotidiennes limitées à l'existence présente. Comment savoir ce qu'on souhaite dans l'infini ? Que répondriez-vous à un ange pur et radieux qui vous dirait : « Voilà, je vous offre le paradis de vos rêves, il sera conforme à ce que vous demanderez ; vous n'avez qu'à le décrire tel que vous voulez qu'il soit, et il sera ainsi. » Parions que cette proposition vous rendrait perplexe et vous ferait découvrir, à votre étonnement peut-être, qu'au fond vous ne pouvez pas être sûr de ce que vous réclamez, du moment qu'on vous demande de penser au-delà de l'échelle humaine. Déjà, même dans le contexte terre à terre, on a du mal à savoir ce qu'on désire. Il est un conte assez instructif où l'on voit une fée offrir à un jeune homme qu'elle veut récompenser trois faveurs qu'il choisira lui-même. L'heureux élu énonce trois vœux, qui varient suivant les versions de ce conte, mais, chaque fois, se retournent contre le bénéficiaire. S'il a, par exemple souhaité l'argent ou la beauté, il en sera gratifié avec une telle générosité que cela entraînera pour lui d'immenses complications et désagréments. En fin de compte, il va trouver la fée et lui demande de mettre fin à ses bienfaits désastreux.

Quand il s'agit du paradis, la difficulté est bien plus grande. On n'est plus limité aux affaires terrestres. Alors, quelle serait votre réponse à l'ange qui vous offrirait ce que vous souhaitez dans le ciel ? Parviendriez-vous seulement à en faire un tableau qui vous séduirait vous-même ? Car — attention ! — même si vous parvenez à décrire votre paradis, que direz-vous encore lorsqu'on vous demandera si vous le voulez éternel ? Oui, l'éternité et la non-éternité ont de quoi vous effrayer également, comme tout ce qui est infini. Effroi, terreur, angoisse, on ne sait quel mot pourrait convenir pour exprimer la déroute de l'esprit et de tout l'être quand la pensée et l'imagination tentent de s'engager un peu profondément dans le mystère de l'insondable.

« Le silence éternel de ces espaces infinis m'effraie », écrivait Pascal. Et c'est lui aussi qui a bien dépeint l'écrasement de la créature humaine entre les deux infinis.

Revenons au paradis qu'on vous demande de dépeindre selon votre goût. Le voulez-vous éternel ? Songez alors qu'au bout de quelques millions de milliards de siècles vous aurez encore l'éternité devant vous, et qu'en regard de ce futur, tout le temps écoulé ne sera rien de plus qu'un instant. Aussi riche et varié que soit votre éden, n'en aurez-vous jamais assez d'y accumuler les millions de milliards de siècles, en ayant toujours la même perspective de l'éternel avenir ? Comment ne pas prévoir la lassitude ? Comment ne pas pressentir l'écœurement, un jour, devant cette éternité jamais entamée ?

Et si, par contre, vous préférez un paradis qui ne serait pas éternel, vous pouvez bien lui fixer un terme extrêmement éloigné, cela ne changera rien à l'effroyable appréhension d'une limite. Réfléchissez : quand un homme vient d'être condamné à mort, si on lui annonce qu'il sera exécuté dans une heure ou dans huit jours, il y a de toute manière la minute qui précède la fin. Un peu plus tôt, un peu plus tard, il se trouve au dernier instant. Il en est de même pour votre paradis sans éternité. Peu importe la durée que vous lui assignez. Si vous dites un milliard de siècles, cela peut vous sembler long, mais en réalité, pour apprécier la valeur et la signification de ce terme, il vous faut dès maintenant vous placer par l'imagination au moment où arrivera l'échéance. Alors, peu importera tout le temps écoulé ; ce qui seul comptera, ce sera le néant qui commencera à cet instant. Et le néant, c'est aussi un infini, toujours aussi horrible à quelque moment qu'il commence. Il est éternel, à sa manière, puisqu'il n'a pas de fin. Le temps aboli, remplacé par le rien, ou bien au contraire le temps infini, cela revient au même. Tout nous donne un vertige atroce.

Ainsi, notre imagination ne peut sans nous faire frissonner s'exercer à la contemplation d'un paradis, dès qu'elle envisage sa durée, soit pour la fermer à jamais, soit pour l'ouvrir indéfiniment. Nous savions déjà, depuis les fameuses antinomies de Kant, que la raison ne peut approuver l'hypothèse d'un temps fini et d'un monde limité, ni la supposition contraire, celle d'un univers éternel et sans bornes ; nous savions qu'elle s'épuise en vain à justifier les deux termes de l'alternative et à les détruire par des arguments également valables. Mais ici, c'est sous un autre jour que nous voyons ce problème. Non plus avec l'intelligence, mais avec la sensibilité. Or, l'antinomie subsiste et n'en est même que plus déchirante. Notre imagination ne peut se complaire ni dans la pérennité ni dans une durée que cernerait le néant. Confrontées avec ce dilemme, les plus séduisantes esquisses d'un paradis perdent leur attrait, et voilà que se fige notre sourire et que se glace notre espérance. Rien ne peut vraiment nous tenter. Ni le rêve qui se dissipe ni le rêve qui n'en finit plus. Ni l'existence merveilleuse mais continuée sans trêve au-delà de toutes les limites possibles de l'ennui, ni la félicité promise à une chute dans le néant. L'une et l'autre perspective ont de quoi décourager les bâtisseurs de paradis.

Je sais, bien sûr, qu'on m'objectera : même quand on y mêle la sensibilité, ce ne sont là que jeux de l'esprit, et notre petite cervelle n'est pas de taille à concevoir l'autre monde. Et surtout, me dira-t-on, il ne faut pas poser le problème en fonction du temps, car précisément le paradis, s'il se situe sur un autre plan que celui de notre existence actuelle, est du domaine de l'intemporel.

Soit. L'argument est légitime, mais il ne nous sort pas d'embarras. Car il s'agit d'un monde ou d'un mode d'être n'ayant rien à voir avec ce que nous pouvons concevoir, d'un *noumène* absolument inaccessible à notre entendement ; alors autant vaudrait dire que nous ne savons plus de quoi nous parlons et que nous prononçons un mot absolument vide de sens lorsque nous nommons le paradis.

D'ailleurs, ce n'est pas seulement par rapport à sa durée ou à son éternité, mais aussi à tout autre point de vue que cette prétendue notion, dès qu'on veut la scruter, se vide de toute signification.

Votre éden sera-t-il un lieu de plaisirs ? Il vous est bien difficile de dire non. Ou bien alors, autant avouer tout de suite que vous l'imaginez triste, pénible, ce qui serait une contradiction dans les termes. D'ailleurs, n'oublions pas l'étymologie. Le mot paradis, dont l'éden hébreu est un équivalent assez exact, dérive, par l'intermédiaire du grec et du latin, et aussi de l'hébreu, du vocable qui, chez les Persans, désignait un jardin merveilleux. Cette origine orientale rejoint une très vieille tradition que l'islamisme a conservée, si bien que la notion classique du paradis se réfère plus ou moins directement aux descriptions faites ou reprises par Mahomet. Laissons donc la parole au Prophète qui, dans plusieurs sourates, développe le même thème.

« Les élus habiteront le jardin de délices. Ils

reposeront sur des lits enrichis d'or et de pierres précieuses. Ils se regarderont avec bienveillance. Ils seront servis par des enfants doués d'une jeunesse éternelle, qui leur présenteront du vin exquis dans des coupes de différentes formes. Sa vapeur ne leur montera point à la tête et n'obscurcira point leur raison. Près d'eux seront des femmes aux beaux yeux noirs. La blancheur de leur teint égale l'éclat des perles... Ils se promèneront parmi les arbres sans épines, au milieu des bananiers... Ils jouiront de leur épais feuillage, au bord des eaux jaillissantes... Leurs épouses seront vierges ; elles les aimeront et jouiront de la même jeunesse qu'eux... L'or et la soie formeront leurs habits. Des bracelets d'argent seront leur parure. Des filles célestes au sein arrondi seront l'ornement du jardin des délices [1]. »

Voilà le tableau charmeur d'un paradis que caractérisent avant tout les plaisirs. Cela parle aux yeux et à tous les sens. Ce n'est plus un mot vide, une abstraction. Mais il n'est point besoin de réfléchir beaucoup pour déchanter. D'abord, connaissez-vous des voluptés qui ne finissent pas par écœurer, et surtout lorsqu'on les obtient sans lutte, lorsqu'il n'y a qu'à tendre le bras pour les saisir. Les plaisirs des sens, de la chair, on les voit mal sans leurs contreparties. Quel ennui s'ils nous sont offerts sans cesse et si nous n'avons même pas le temps de les désirer! Mais il est inévitable pourtant qu'il en soit ainsi dans le jardin des délices. Car si vous y faites entrer l'attente et la privation, vous voilà sur le chemin de la souffrance. Alors, il faut bien rester plongé dans les plaisirs, submergé par eux. Vous aimez boire? Ce goût vous passera bien un jour, quand vous serez abreuvé de nectar pendant

---

[1]. Mahomet, *Le Koran* (d'après la traduction de M. Savary, Édit. Garnier, Paris, 1955, p. 473, 505, 507, 549, 553).

des siècles. Préférez-vous les femmes ? Éternellement entouré de filles qui vous offriront sans cesse leur inaltérable virginité, vous finirez par vous lasser d'être une machine à faire l'amour.

Mais, direz-vous encore, c'était là un tableau fait sur mesure pour des amateurs de harems. On pourrait le modifier, l'adapter aux mœurs occidentales. Que diriez-vous d'un paradis où fleurirait non point la luxure mais l'amour véritable, dans ce qu'il a de plus beau ? Soit. Mais quelle image, au juste, en pourrait-on proposer ? Autrefois, un dieu, Jupiter en personne, offrit à un couple uni par un amour exemplaire un paradis de son choix. La légende est touchante, mais instructive. Car Philémon et Baucis, pour ne point les désunir, le maître de l'Olympe ne trouva rien de mieux que de les changer en tilleul et en chêne. Le voilà, l'amour à deux transposé à l'échelle du paradis.

Deux arbres liés par leur branchage uni,
Deux cœurs figés dans leur amour, selon leur vœu.
  Paradis,
  Part à deux !

Ce symbole mythologique, dans ce qu'il a de végétatif, montre bien qu'au fond l'idéal de l'amour pur et sans histoire c'est de finir dans l'immobilité. Soyons sérieux : le sentiment le plus respectable peut bien être sur terre un gage de félicité (ce qu'il n'est sans doute pas toujours) ; il n'en est pas moins vrai qu'il perd toute réalité si l'on en vient, par hypothèse, à lui enlever toute limitation. Plaisir des sens, plaisir d'amour, amour sublime, rien n'est encore à la mesure d'un paradis.

Encore une question. Votre éden sera-t-il placé sous le signe du désordre ? Non, bien sûr. Mais quel danger aussi d'y faire régner l'ordre! Car dans le paradis, du fait que tous les vœux se réalisent sans obstacle, tout se trouve porté à l'extrême. Et l'ordre paradisiaque, comment notre imagination pourrait-elle le concevoir sans le bouder, précisément parce qu'il ne saurait être imparfait? Je me rappelle une opérette, qui fut à la mode à peu près en même temps que le charleston et le chapeau-cloche, et qui se nommait *Là-haut*. J'y pense et je la cite, parce que l'éclairage vaudevillesque, s'il ne sert en aucune manière à résoudre les grands problèmes et à préciser les concepts élevés, permet tout de même, quand on les aborde d'un peu haut, de garder quelque contact avec les représentations populaires sans lesquelles les mots auraient seulement le sens qu'on veut bien leur donner. Et l'ironie qui les attaque d'en bas risquerait d'ébranler tout l'édifice. Donc, cette opérette, à sa manière, parlait du paradis. Le sujet, sans prétention, en était le rêve d'un aimable fêtard qui se croyait transporté au ciel. Après avoir d'abord admiré la magnifique ordonnance de son séjour éternel, il ne tardait pas à s'y ennuyer, et il le proclamait en une chanson irrévérencieuse. Ce lieu est charmant, disait-il, et plein d'agrément ; on y sent flotter « une odeur de sainteté, de propreté ». Pourtant, il préférait et regrettait le monde d'en bas, moins bien épousseté mais plus amusant. Cette chanson n'aurait pas eu de sens pour le public si elle n'avait été suggérée par une certaine image d'Épinal, familière à chacun de nous, d'un paradis bien agencé, ordonné où tout est impeccable, à l'abri de la poussière et des mites.

Paradis,
Part à deux
Et paradichlorobenzène.

Oui, l'ordre parfait est un des caractères essentiels du paradis traditionnel. N'oublions pas en effet que, dans presque toutes les conceptions usuelles, c'est le ciel, la voûte étoilée, qui en est le lieu et la représentation visible. Le ciel, avec ses astres qui tournent bien régulièrement, chacun sur son orbite. Inutile d'insister sur ce qui nous rendrait insupportable un tel paradis : l'ennui. L'ennui qu'un vieux dicton lie justement à l'uniformité. L'ennui dans le ciel sans tache, comme un ver dans un beau fruit.

Cessons de jouer avec ces images trop profanes ou naïves. Bien sûr, ce n'est pas cela, le paradis. Ce n'est pas par des extraits d'opérette, ni par des dessins populaires, ce n'est pas, en général, par des visions empruntées aux réalités ou même aux rêves d'ici-bas qu'il faut en donner une idée, mais par des notions plus nobles et surtout plus abstraites. Par exemple : la contemplation de la perfection.

Nous voici sur un terrain plus philosophique. Mais cela suffit-il pour sortir des impasses ? En réalité, ce sont toujours les mêmes contradictions que l'on retrouve. Notons d'abord qu'en parlant de la perfection, on ressuscite toutes les difficultés de l'éternité, car ce qui n'est pas éternel ne peut être parfait. D'autre part, notre sensibilité ne saurait guère nous faire vibrer d'enthousiasme quand on lui présente de pures abstractions. Or nous voulions savoir ce qu'est le paradis tel qu'on peut le souhaiter. On ne peut pas appeler de ses vœux ce qui n'est qu'un mot, ce qui ne représente rien.

Finalement, où nous conduisent ces réflexions jusqu'ici fort négatives ? Aurions-nous entrepris de détruire la notion même de paradis ? Non. Mais il était impossible de fermer les yeux sur les contradictions qu'elle implique et comporte. Contradiction purement logique d'abord, car tout ce qui transcende le conditionné et le relatif conduit la raison aux inévitables antinomies. Mais aussi contradiction dans la signification que l'on donne au mot et dans les différentes perspectives où l'on fait apparaître et disparaître ce concept, comme en un jeu de cache-cache. Il faudrait savoir si l'on parle d'un chose représentable ou non. Il est absurde de vouloir offrir à l'imagination un rêve inimaginable et de donner à la sensibilité un idéal qui ne saurait lui plaire. On a peut-être raison de dire : ne jugez pas le paradis avec vos goûts et préjugés d'ici-bas, ne parlez pas d'ennui, de satiété, d'angoisse devant l'infini, car il ne s'agit pas d'apprécier avec votre expérience terrestre. Soit ; mais alors reconnaissons franchement que nous avons affaire à un idéal qui ne parle ni à l'imagination ni à la sensibilité, et qui échappe aussi à notre jugement et à notre raison, et réservons-le à une tout autre forme de connaissance, qui sera ce qu'on nomme en général la connaissance mystique. Celle-ci est au-delà de la logique et se moque bien des contradictions. Elle est, de plus, suprasensible. Mais le malheur, c'est que si vous n'êtes pas un mystique vous-même, vous ne pouvez en vérité avoir aucune idée de ce qu'elle est.

Bref, quand on veut aller jusqu'au bout dans l'analyse de la notion de paradis, on s'aperçoit qu'elle n'a aucune signification pour notre entendement normal, qu'elle ne peut que rebuter notre faculté d'imaginer et de sentir, mais qu'elle peut cependant correspondre à un idéal transcendant, saisissable seulement pour un esprit mystique, affranchi lui-même de toutes les limitations du plan humain. Si vous êtes incapable d'accéder à ce genre de connaissance supranormal, avouez alors qu'en souhaitant le paradis vous parlez d'une chose que réellement vous n'avez aucune raison d'appeler de vos vœux, car elle ne correspond pour vous à aucune idée, à aucune image, à aucun concept cohérent. Tout ce qui vous reste, c'est un tissu de contradictions, un gouffre sans fond où vont se perdre toutes vos aspirations.

Triste conclusion qui, par bonheur, ne saurait être définitive. Car, en dehors de la contemplation mystique et de ses béatitudes réservées à de rares élus, en dehors aussi de la conception réfléchie d'un paradis absolu, qui se révèle insensée, il reste encore le thème de rêverie, l'espoir secret, qui ne va pas jusqu'à l'élaboration raisonnée, et qui, justement, en restant nébuleux, ne dévoile pas ses contradictions internes. Celles-ci existent, mais on n'est pas obligé de les voir. Et alors, rien n'empêche de laisser marcher la pensée, pourvu seulement qu'elle flâne paresseusement sans jamais aller jusqu'au bout des chemins qu'elle emprunte et où elle s'aventure avec plaisir.

Car il y a le paradis des rêves quotidiens, le ciel pour toutes les bourses. Le paradis tout bleu, où peut-être on ne voit que du bleu. Celui aussi que, dans une chanson, l'on voit échangé contre un coin de parapluie. Celui enfin que nous portons en nous et qui est peut-être le meilleur de nous. Se peut-il même qu'il y ait des hommes sans paradis ? Oui, je sais bien que maintenant je parle de l'ineffable. C'est tellement au-delà ou plutôt en deçà de toute analyse que ce n'est même ni une idée ni une image, que c'est très proche du rien tout en étant beaucoup. Et même j'irais peut-être jusqu'à concéder que ce n'est plus qu'un mot.

CHAPITRE II

Évolution et fonctions sociales

Même si la notion ici mise en cause se révélait sans consistance logique, même si elle était vide de sens, il n'en faudrait donc pas moins reconnaître son importance pour l'humanité. Tout le monde sait cela : les mots qui nous font agir, ceux qui ont une mission sont le plus souvent ceux qu'on ne définit pas, qu'on serait d'ailleurs dans l'impossibilité de définir, mais qui parlent à l'oreille et qui remuent les foules grâce à leur faculté magique de signifier beaucoup et de ne rien dévoiler. Que de braves sont morts pour défendre des mots qu'ils ne comprenaient pas !

Le paradis peut bien exister ou non ; il peut être aussi difficile à penser qu'un cercle carré, cela n'empêche qu'il a une fonction humaine, à la fois sociale et psychologique.

Commençons par l'aspect institutionnel, celui qui présente une objectivité saisissable, parce qu'il est inscrit dans un système de croyances et se révèle d'une manière organisée. Bref, esquissons une sociologie du paradis. Avant de descendre dans l'intimité des cœurs, il faut voir quels canevas les mythes officiels et toute l'utopie culturelle offrent aux individus pour qu'ils y puissent tisser leurs rêveries.

A travers toutes les sociétés, des plus primitives

aux plus évoluées, à travers toutes les religions, on trouve une grande variété de conceptions et de mythes concernant l'au-delà. Il est assez étrange que bien souvent pourtant rien n'y corresponde à ce que nous appelons le paradis. Il y a des peuples qui ont la croyance à une sorte d'enfer sans la contrepartie du paradis. Ce pessimisme total est, à première vue, assez surprenant. En effet, on aurait pu croire *a priori* que toutes les sociétés, surtout les plus misérables, éprouvaient le besoin d'élaborer des mythes consolants pour aider les hommes, par la promesse d'une existence posthume enchanteresse, à supporter leur vie difficile. Or, en général, il n'en est rien. On a même presque l'impression qu'il faut aux civilisations un certain niveau de culture et d'aisance pour qu'elles parviennent à imaginer une sorte de paradis. Il y a comme un seuil de l'espérance, en deçà duquel on n'a même pas le courage de s'encourager par le mythe d'un bonheur dans un autre monde. Mais il ne s'agit pas là d'une loi absolue. Il y a quelques sociétés fort archaïques et pauvres qui croient à une ébauche de paradis ; et inversement des peuples assez évolués qui n'attendent après la mort qu'une existence morne sinon horrible. La règle du seuil, si tant est qu'elle mérite ce nom, souffre donc bien des exceptions. C'est au point que, dans une même aire culturelle, on peut voir des tribus assez voisines et semblables à bien des points de vue avoir des croyances fort différentes en ce qui concerne la survie : optimisme ici et pessimisme là.

Pourtant, cela devrait faire une rude différence, pour des *sauvages* dont presque tous les actes sont guidés par le sentiment d'un contact avec des forces surnaturelles, cela devrait même entraîner des comportements tout à fait opposés, de croire à une sorte de damnation des âmes ou bien au contraire à leur béatification. Eh bien, il semble que non. Lévy-Bruhl avait sans doute raison, qui, parlant de l'homme primitif en général, écrivait : « La destinée de l'individu dans l'au-delà ne lui cause guère d'inquiétude et il n'a que peu de chose à en dire [1]. » Une des principales raisons de cette relative indifférence, c'est d'abord que, pour beaucoup de *sauvages*, les morts ne restent pas longtemps dans l'autre monde, mais reviennent bientôt dans celui-ci pour s'y réincarner. Cette croyance à la transmigration des âmes, à la métempsycose, rend évidemment moins grave la question du séjour des âmes, qui est alors un simple lieu de passage. Une autre raison, c'est le manque de clarté des traditions et leur complexité. Dans une même peuplade on peut recueillir des mythes divers et qui se contredisent. En particulier, les croyances eschatologiques sont intégrées parfois à des cycles légendaires divers et peuvent avoir des significations opposées. Il est donc difficile de savoir exactement ce que pensent les indigènes de tel ou tel pays quant à la destination des trépassés, et sans doute n'ont-ils pas eux-mêmes à ce sujet des idées bien définies, étant partagés entre plusieurs traditions mythiques. Enfin, de même que dans nos grandes religions modernes les justes peuvent espérer le ciel tandis que les méchants sont voués à l'enfer, de même, dans les sociétés archaïques, les morts n'ont pas tous le même sort. Mais au lieu d'être moral, le critère, chez eux, est plus souvent social. Par exemple, on trouve chez beaucoup de peuples des croyances selon lesquelles les morts ordinaires s'en vont en quelque contrée lointaine où ils mènent une vie plus triste que celle des vivants, tandis que les chefs et les guerriers défunts sont admis à une

---

1. Lévy-Bruhl, *L'Ame primitive*, p. 292.

existence heureuse, comparable à celle des divinités.
En Égypte, seul le pharaon d'abord eut droit à
une destinée solaire et divine, puis ce privilège s'étendit aux nobles. Chez les Aztèques, tandis que les
guerriers défunts et les femmes mortes en couches
montaient au ciel pour faire glorieusement escorte
au soleil, et que les fidèles de Tlaloc avaient accès
à un paradis spécial, par contre le commun des
mortels était promis au Mictlan, région nordique
sans lumière et sans chaleur, pour y mener une existence morose, lugubre, en attendant de sombrer
dans le néant. Dans un passé plus récent, les indigènes des îles Tonga et d'autres Polynésiens n'admettaient une immortalité bienheureuse que pour
les nobles.

Bref, quand on dépouille des documents ethnographiques, il faut se montrer circonspect et ne
pas tracer une ligne de démarcation entre les sociétés
à paradis qui seraient optimistes et les sociétés
sans paradis qui seraient pessimistes. Les choses
ont rarement cette simplicité, et l'absence ou la
présence de mythes faisant espérer un au-delà
enchanteur ne saurait à elle seule indiquer que l'on
se trouve en deçà ou au-delà du seuil de l'espérance
dont nous parlions, car d'autres facteurs interviennent, tels que la hiérarchie sociale et le degré
de cohésion des représentations religieuses.

Par contre, si les mythologies du paradis ne sont
pas d'emblée révélatrices, par leur seule existence,
de l'optimisme des sociétés, du moins portent-elles
dans leur détail la marque très nette des espoirs
et des frustrations qui les hantent. Une fois qu'il a
pu acquérir la notion d'un séjour heureux pour
les morts, le primitif a tendance, en le décrivant,
à l'orner des biens qu'il désire le plus et à en écarter
avant tout les malheurs qu'il redoute particulièrement. Autrement dit, lorsqu'un peuple se forge

une certaine conception d'un paradis, ce qui n'est pas toujours le cas, celle-ci reflète ses aspirations et ses préoccupations, de sorte que les ethnologues et les sociologues pourraient tirer d'utiles enseignements d'une étude et d'une typologie des représentations du paradis. Mais ce n'est pas notre propos ici, puisque nous voulons simplement savoir si la notion en question a plus de consistance comme fonction sociale que comme concept analysable.

D'abord, le seul fait que le mythe du paradis n'existe pas dans toutes les sociétés, et plus encore le fait que dans certaines d'entre elles il est ouvert aux uns et fermé aux autres, quoi qu'ils fassent, cela montre assez clairement qu'un tel mythe n'est pas absolument indispensable à la vie des sociétés. Il est d'ailleurs surprenant que des croyances de ce genre aient pu être acceptées; il est même scandaleux que des hommes aient pu admettre, comme une chose naturelle, un éden réservé à ceux qui avaient déjà la chance d'être parmi les plus heureux sur la terre. Et pourtant il en fut et il en est ainsi en plusieurs pays. Pauvre homme du peuple aztèque! On vous a dit qu'après votre mort vous iriez grelotter de froid dans le noir Mictlan, vous y dessécher jusqu'à n'être absolument plus rien. Quels que fussent vos actions, vos mérites, ce destin était le vôtre. Vous passiez votre vie avec cette perspective. Mais en même temps, on vous disait aussi que les nobles, les guerriers seraient éternellement glorieux dans le ciel. Quelle résignation était donc la vôtre! Le paradis à jamais pour les heureux d'ici-bas, et l'affreuse décrépitude dans l'enfer pour vous qui aviez eu la malchance de naître dans la classe des misérables. Les peuples, après tout, ont les mythes qu'ils méritent. Et aussi les classes sociales. Il faut tout de même avoir franchi ce seuil de l'espérance, dont nous parlions, il faut avoir appris à s'estimer soi-même pour échapper à la résignation. Mais enfin, la preuve est faite, on peut vivre sans cela. Et même quand on croit au paradis, on peut s'en croire exclu *a priori*, trouver cette iniquité plausible. Si cette notion a une fonction sociale, celle-ci n'est donc pas vitale, ou du moins elle ne l'est pas pour toute espèce de société. Il se peut cependant qu'elle le devienne dans certaines circonstances. Mais à quel titre ? Revenons, pour le préciser, aux documents de l'ethnographie et de l'histoire des religions.

Il semble que le mythe d'une existence bienheureuse après la mort n'est nulle part apparu d'emblée comme une Minerve sortant tout armée du cerveau de Jupiter, mais se présente au contraire comme le fruit d'une élaboration complexe. L'évolution, dans ce domaine, présente plusieurs aspects qui sont liés ou dissociés suivant les pays.

Par exemple, la notion de paradis peut être ou ne pas être, suivant les cas, associée à l'image du ciel. Dans l'histoire des croyances, il est probable que le monde des morts a d'abord été situé sur la terre, dans le village même du défunt, que celui-ci était censé hanter. Puis le besoin de se séparer d'un voisinage impur dicta des rites de séparation qui s'accompagnèrent de la croyance en un séjour des morts séparé de celui des vivants. Mais une telle évolution ne pouvait tout d'abord conduire évidemment qu'à une certaine ressemblance entre les deux mondes. Le pays des âmes fut donc primitivement conçu comme une réplique, une copie de celui qu'on connaissait, et on le plaça par l'imagination quelque part sur la terre, dans une région assez éloignée, afin que la séparation fût bien nette. Mais la pratique de l'inhumation suggéra sans doute que l'âme subissait un peu le même sort que le cadavre et, par conséquent, restait dans les profondeurs.

La notion s'élabora. On imagina des pays situés sous la terre ou sous les eaux.

La conception céleste du séjour des âmes est plus rare chez les primitifs. Elle correspond à une plus grande sublimation des représentations religieuses. Il est possible que la pratique de la crémation des cadavres ait suggéré, par la vision de la fumée qui s'élevait en l'air, le mythe des âmes qui montent vers le zénith. En Égypte, il y eut peut-être une étape de transition dans l'évolution des croyances : la course apparente du soleil autour de la terre donnait à penser qu'il y avait sous la terre une moitié de la sphère céleste, celle que l'astre lumineux parcourt pendant la nuit ; et, par conséquent, le monde souterrain était en même temps déjà céleste. Il suffisait ensuite de supposer que certains morts suivaient le soleil dans son circuit lorsqu'il passait du ciel nocturne et souterrain au ciel diurne. Mais il est encore plus probable que le principal facteur conduisant à la mythologie céleste fut d'un ordre spirituel. Le ciel est en effet l'archétype de la transcendance. Les travaux de Jung et de Desoille en psychanalyse le montrent par l'exploration de l'inconscient collectif. Et Gaston Bachelard, en retrouvant le sens le plus profond des métaphores littéraires, rejoint cette interprétation. Il était donc naturel, à mesure que s'opérait une sublimation dans la conception de la survie, à mesure qu'on évoluait de l'image du mort impur et tabou à celle du mort ancêtre protecteur et quasi divin, il était naturel qu'en même temps cette sacralisation, cet élan vers le transcendant fît passer le séjour des âmes du plan terrestre ou souterrain au plan céleste. Et, tandis que dans les premières conceptions la survie était tantôt bienheureuse tantôt affreuse ou bien mixte, il n'y eut plus de telles hésitations en ce qui concernait la demeure éthérée des âmes. Le ciel est un paradis plus ou moins enchanteur ; il n'est jamais un enfer. Telle semble être, en gros, l'évolution des croyances en ce qui concerne le lieu de séjour des morts. C'est pourquoi les documents, sur ce point, sont très variés. Veut-on quelques exemples entre mille ? De nombreux Indiens d'Amérique, des tribus d'Afrique, certaines en Australie situent quelque part sur la terre le pays des morts où les âmes se rendent après un voyage souvent compliqué. Les Koitas de Nouvelle-Guinée, ainsi que bien d'autres peuples, pensaient qu'un tel séjour existait au sommet d'une montagne d'accès difficile. Dans d'autres conceptions, ce domaine se présente comme une île, et il est à noter que, très souvent, le séjour insulaire est bienheureux. On connaît la description que fait Hésiode, dans *Les Travaux et les jours*, de la demeure que Zeus réserve à quelques élus « dans les îles des Bienheureux, aux bords des tourbillons profonds de l'Océan, héros fortunés, pour qui le sol fécond porte trois fois l'an une florissante et douce récolte [1] ». De même les Celtes croyaient à une sorte de paradis où régnait un éternel printemps, dans une île éloignée couverte de beaux jardins. Les Semang de Malacca situaient quelque part vers l'ouest une « île des Fruits » où les âmes des défunts vivaient dans le bonheur, à l'abri des tigres, des souffrances et de la maladie. Comme le ciel, l'île lointaine est un archétype de l'imagination qui est proche du rêve, et plus spécialement du rêve heureux. Les nuances sont un peu différentes, cependant, et l'archétype céleste se prête, bien plus que l'insulaire, à une sublimation, à une spiritualisation de la notion de paradis. En effet, comme le dit Gaston Bachelard, la rêverie devant le

---

1. Traduction P. Mazon (Edit. Budé), p. 92.

ciel bleu pose « une phénoménalité sans phénomènes »
et invite à un « nirwana visuel, une adhésion à la
puissance tranquille, contente simplement de voir,
puis de voir l'uniforme, puis le décoloré, puis
l'irréel [1] ». Le bonheur qui s'inscrit dans ce cadre,
c'est celui des « sentiments bleus », de la « clarté
intuitive ». C'est par d'autres voies que l'image de
l'île évoque le paradis. Elle représente l'au-delà des
mers et l'au-delà tout court. Elle est isolée, fermée,
c'est-à-dire particulièrement apte à représenter ce
qui est *autre*, ce qui est l'autre monde. Pourquoi
est-elle heureuse plutôt que funeste ? Parce que
l'île lointaine, c'est la terre accessible à quelques
navigateurs chanceux qui, en rentrant au pays, ont
tendance à se vanter d'avoir contemplé des mer-
veilles. Mieux encore, elle évoque le voyage en soi,
l'espoir qu'il donne toujours de trouver au loin plus
de bonheur qu'on n'en avait ici. « L'île, écrit Georges
Gusdorf, est le symbole de l'aventure, et l'humanité
n'a jamais cessé de rêver au départ pour les îles. L'île
apparaît... comme la patrie même de l'utopie. De
Thomas Morus à Samuel Butler, lorsque le sage
cherche de nouveaux cieux et une nouvelle terre
pour y domicilier l'âge d'or ou le contrat social, c'est
le thème mythique de l'île qui s'impose à lui avec
une régularité trop constante pour n'être pas le fait
d'une exigence nécessaire de l'être humain [2]. » Mircea
Éliade, dans le même esprit, rappelle que les navigateurs de la Renaissance poursuivaient un but
économique précis, à savoir la route des Indes, mais
« avaient *aussi* en vue la découverte des îles des Bienheureux ou du Paradis terrestre. Et chacun sait qu'il
n'en manquera point pour imaginer qu'ils avaient
bien découvert l'île du Paradis. Des Phéniciens aux

---

1. G. Bachelard, *L'Air et les songes* (Édit. Corti, 1943), p. 195.
2. G. Gudsorf, *Mythe et métaphysique* (Édit. Flammarion, 1953), p. 246.

Portugais, toutes les grandes découvertes géographiques ont été provoquées par ce mythe du pays édénique. » Comme on vient de le voir, l'ethnographie confirme ici amplement les données de l'histoire des voyages comme de celle des utopies et les enseignements aussi des analyses de l'inconscient collectif.

Mais, dans la mythologie du paradis, les exemples sont également nombreux de l'influence qu'a pu exercer sur les images édéniques, ainsi qu'on l'a dit plus haut, la pratique de l'inhumation. Si les archétypes du ciel et de l'île imposent presque toujours la croyance en un au-delà plein d'agréments, l'évocation d'un séjour souterrain semble convenir tantôt à la conception d'un paradis, tantôt à celle d'un enfer. Plus exactement, il apparaît, lorsqu'on fait le tour des diverses croyances, que les divers peuples ont eu naturellement tendance à voir l'au-delà souterrain d'une manière pessimiste, et que lorsqu'il n'en est pas ainsi, lorsqu'on imagine là une sorte de paradis, c'est parce que l'éden céleste ou insulaire s'est trouvé déplacé par le rituel de l'inhumation, contaminé par lui en quelque sorte, et a conservé son aspect agréable en passant sous terre. Ou bien encore, dans d'autres sociétés, on a substitué à la fabulation souterraine la représentation d'un séjour subaquatique. Mais, dans tous les cas, il semble bien que l'on ait eu à faire violence à une inclination presque irrésistible de l'imagination lorsqu'on a voulu croire à la possibilité d'un monde bienheureux situé sous la terre. En fait, manifestement, ce qui est souterrain se présente d'emblée comme sombre, triste, infernal. Et lorsque certaines mythologies nous présentent des paradis souterrains, c'est toujours avec quelque réticence ; ce sont des paradis où l'on n'est jamais sûr qu'il fasse vraiment bon vivre. On s'en aperçoit bien si l'on regarde de près certains exemples classiques, comme celui des champs

Élysées, que l'on trouve à la fois dans la tradition grecque et latine. Cette sorte de paradis réservé aux âmes d'élite, était-ce une île comme on l'a vu avec Hésiode, un jardin merveilleux, celui de Phoibos dont parle Sophocle, ou bien un compartiment de luxe des enfers souterrains ? Des poètes helléniques à Virgile, on passe de la surface aux entrailles de la terre. Chez Homère on voit Protée promettre à Ménélas, nourrisson de Zeus, qu'il quittera le monde des vivants pour aller aux champs Élysées, « tout au bout de la terre », en ce lieu « où la plus douce vie est offerte aux humains, où sans neige, sans grand hiver, toujours sans pluie, on ne sent que zéphyrs, dont les risées sifflantes montent de l'océan pour rafraîchir les hommes[1] ». C'est évidemment sur le même modèle que sont conçus les champs Élysées où le poète de Mantoue fait parvenir son héros Énée. Mais c'est après s'être enfoncé sous la terre, où il pénètre par un gouffre, et après avoir parcouru les lieux de désolation et d'expiation composant le royaume de Pluton, que le fils d'Anchise, sans quitter les enfers, arrive enfin « dans ces champs délicieux, dans ces riantes prairies, dans ces bois toujours verts, séjours de félicité ». Là, pour la plupart, les défunts jouissent surtout des plaisirs et des distractions qu'ils appréciaient durant leur existence sur la terre. Ceux qui aimaient les chevaux, les chars et les armes ont toujours, dans ce secteur privilégié de l'Hadès virgilien, tout ce qu'il faut pour satisfaire leur goût. Là encore, Énée « aperçoit d'autres ombres qui, couchées sur l'herbe, chantent en chœur un joyeux péan, sous l'ombrage odorant d'une forêt de lauriers... Là sont les guerriers blessés en combattant pour la patrie, les prêtres dont la vie fut toujours chaste, les poètes religieux qu'Apollon inspira, et

---

1. Homère, *L'Odyssée* (traduction Victor Bérard), IV, 560 sq.

ceux qui, par l'invention des arts, civilisèrent les hommes, et ceux dont les bienfaits ont fait vivre la mémoire : tous ont le front ceint de bandeaux blancs comme la neige[1]. » Les héros de l'Antiquité avaient donc, pensera-t-on, un sort bien enviable après leur mort. Erreur! Cet adjectif en particulier ne convient pas du tout. Destin de choix, oui, mais que les mortels ne sauraient vraiment pas envier. Et c'est Homère lui-même qui nous le dit, dans la *Nékuomanteia*. Le divin Ulysse évoque les morts célèbres qui peuplent le fond de l'Érèbe. Autour du sang des victimes immolées par le seigneur d'Ithaque, les ombres surgissent, avides de boire, et se pressent en poussant des cris horribles qui font « verdir de crainte » le héros. Et voilà qu'Achille, le plus brave de tous les guerriers, celui qui, bien sûr, ne pouvait manquer d'avoir parmi tous les morts la place la plus privilégiée, prend soin d'enlever à Ulysse ses illusions sur les joies de l'autre monde. « Pour toi, disait le fils de Laerte, même la mort, Achille, est sans tristesse. » Mais l'ombre du Péléide le détrompe aussitôt : « Oh! ne me farde pas la mort, mon noble Ulysse! J'aimerais mieux, valet de bœufs, vivre en service chez un pauvre fermier, qui n'aurait pas grand-chère, que régner sur ces morts, sur tout ce peuple éteint[2]! » La tradition orphique, à laquelle Platon reprochait son manque d'élévation, adoucit un peu les perspectives d'outre-tombe. Mais il semble bien que toujours, dans l'Antiquité, le paradis des héros, dont l'emplacement n'était en somme pas bien défini, était terni par les notions plus courantes d'un enfer souterrain, séjour des ombres.

L'ambivalence d'une mythologie optimiste teintée d'appréhension se trouve dans bien d'autres contextes

1. Virgile, *L'Énéide* (traduction Collection Panckouke), VI, v. 636 à 665.
2. Homère, *L'Odyssée*.

que celui de la religion antique. L'ethnographie fournirait plusieurs exemples du même genre. En voici un qui est édifiant. Les Indiens Zuñis croient que les hommes, après leur mort, s'en vont habiter une cité nommée Kothluwalawa, qui se trouve sous les eaux d'un lac. Là, ils sont non pas des ombres, mais des êtres ayant la forme d'hommes masqués, et on les appelle des Katchinas. Ce sont des sortes de demi-dieux. A Kothluwalawa, la vie est joyeuse ; elle se passe en danses et en chants, ce qui pour les Zuñis est le comble du bonheur. Les Katchinas, avec leurs masques aux dessins géométriques, leurs riches vêtements, leurs bijoux de turquoises, représentent dans le domaine esthétique ce que les Indiens peuvent rêver de plus beau. Aucun souci, aucune maladie, rien de désagréable, à Kothluwalawa. C'est donc bien un paradis qui attend les humains après le trépas. Et pourtant!... La mythologie qui peint avec les couleurs les plus riantes l'existence des Katchinas sous les eaux du lac semble indiquer en même temps qu'il vaut encore mieux rester sur la terre le plus longtemps possible. D'abord, ce n'est sans doute pas sans intention que le lac au fond duquel s'étend la cité bienheureuse est nommé le lac des Soupirs. Et surtout, il y a une légende significative qui, d'ailleurs, joue un grand rôle dans le rituel des Zuñis. Les Katchinas, dit-on, avaient coutume autrefois de venir chez les vivants, de quitter fréquemment Kothluwalawa pour le village zuñi, de s'y assembler sur la place publique et de danser pour réjouir le cœur des mortels. Mais quand ils repartaient vers leur demeure au fond des eaux, il arrivait chaque fois que des femmes séduites par leur beauté les suivaient. Ou bien même ils entraînaient avec eux des hommes pris par le charme des danses. C'est pour cela, c'est pour éviter ce malheur que les Katchinas décidèrent eux-mêmes (et peut-être

aussi les en pria-t-on) de ne plus venir en personne
rendre visite aux humains. Ceux-ci, au cours des
fêtes, se pareraient de masques et les Katchinas,
ainsi représentés, seraient présents en esprit seulement. De cette manière, il serait mis fin à ces allées
et venues des morts chez les vivants dont la conséquence funeste était d'attirer un peu trop vite certains Zuñis dans la cité des défunts. Donc, d'après
ce mythe, les Katchinas, c'est-à-dire les hôtes du
paradis se rendaient parfaitement compte de l'avantage qu'il y a malgré tout à rester sur la terre aussi
longtemps qu'on le peut.

Ce que l'histoire des diverses croyances répandues
dans le monde semble en tout cas montrer, c'est
que les conceptions situant le séjour des défunts sous
la terre ou sous les eaux ne sont que très rarement
franchement optimistes. Il y a, certes, quelques
paradis dans le monde d'en bas. On vient de le voir,
et il faudrait encore citer des mythologies du même
genre, c'est-à-dire des représentations d'un monde
souterrain agréable, chez les Todas de l'Inde, chez
les Lapons et aussi quelques tribus de l'Afrique et de
la Polynésie. Dans l'ancienne Égypte, les traditions
archaïques situaient sous la terre le royaume d'Osiris,
qui était le vrai paradis, assez semblable aux champs
Élysées des Grecs, mais avec, bien entendu, une couleur locale spécifique : c'était une transposition
idéalisée de l'Égypte elle-même. Or, il est particulièrement intéressant de suivre l'évolution de cette
croyance. En effet, après avoir été souterrain, le
paradis osirien finit par devenir céleste, comme si
vraiment les hommes avaient quelque peine à imaginer un séjour agréable dans les profondeurs de la
terre, et comme si, au contraire, ils avaient une
tendance naturelle à faire sortir le paradis du sous-
sol pour le transporter à la lumière. En tout cas, lorsqu'ils concevaient un domaine des morts souterrain,

c'était bien plus souvent un enfer qu'un paradis.

On a déjà parlé du Mictlan des Aztèques. Aussi triste était, dans l'horizon assyro-babylonien, l'enfer où descendit Ishtar pour y contempler les ombres menant une vie obscure et se nourrissant de boue. Les anciens Japonais croyaient à l'existence d'un monde souterrain où végétaient tristement les âmes des morts. Le Chéol des Hébreux n'était pas moins rebutant. Quant aux Germains, ils imaginaient sous des couleurs aussi sombres l'enfer souterrain, Hell; et si, plus tard, ils conçurent une sorte de paradis, le fameux Valhalla où les héros morts à la guerre pouvaient trouver, en attendant d'avoir à lutter contre les géants, un sort plus digne de leur valeur, du moins ce séjour glorieux cessa-t-il bientôt d'être situé sous la terre, comme le Hell, pour être transporté au ciel quand Wotan en devint le maître.

Laissons donc maintenant les douteux paradis souterrains pour voir comment les civilisations ont pu concevoir l'existence posthume lorsqu'elles se sont libérées des images suggérées par l'inhumation et lorsque les regards se sont levés vers le ciel. Dès lors, on l'a vu, la sublimation, guidée par cet archétype, pouvait se réaliser plus aisément. En tout cas, lorsque les mythologies font monter aux cieux les âmes des trépassés, ce n'est jamais pour une destinée malheureuse. Tandis que l'imagerie souterraine est une tendance ambivalente et même plus souvent infernale, le symbolisme ouranien est franchement, spécifiquement paradisiaque. L'azur, la lumière, l'élévation, tout cela ne peut suggérer qu'une existence bienheureuse. Mais en quoi consiste-t-elle ? Nous retrouvons ici, sur le plan de l'histoire et de l'ethnographie, le problème que nous posions dès l'abord d'une manière théorique. Jetons un coup d'œil sur les descriptions que font du paradis les différents peuples.

Nous avons constaté que sa situation la plus favorable, celle vers laquelle il semble tendre à travers toutes les mythologies, c'est le ciel. Mais maintenant, et quelle que soit sa localisation, sur terre, sous terre, dans une île ou dans l'azur, voyons, lorsqu'il y a un paradis, quelle représentation les sociétés peuvent s'en faire.

Une première constatation s'impose : il est toujours beaucoup moins bien décrit que l'enfer. Sans doute est-il plus facile d'imaginer et d'énumérer les supplices et les souffrances que les félicités. Une autre évidence, c'est le rapport étroit qui existe entre le cadre géographique et social d'un peuple et son paradis. Celui du Koran, on l'a vu, correspond aux vœux d'un Bédouin polygame qui se voit au ciel au milieu des arbres, de la verdure, parmi les sources et les ruisseaux, c'est-à-dire en somme dans une oasis comme il aime à en trouver quand il parcourt le désert ; et il y ajoute, bien sûr, un essaim de jolies femmes. Le jardin d'Osiris, pour l'ancien Égyptien, c'était une extension des plus beaux et plus fertiles champs de la vallée du Nil. Les Zuñis, qui par-dessus tout redoutent la sécheresse dévastant les récoltes de maïs, imaginent que les morts s'en vont au fond des eaux, et même ils leur prêtent le pouvoir de se métamorphoser en nuages chargés de pluie. Beaucoup d'Indiens, en Amérique, vivant surtout des produits de la chasse, pensent trouver au ciel, après la mort, de magnifiques terrains giboyeux. Mais la végétation tient le plus souvent la vedette. Pour beaucoup de peuples, en effet, qu'ils en soient au stade de la cueillette ou de l'agriculture, la grande préoccupation est de trouver ou de faire pousser sur des terres parfois ingrates de quoi éviter la famine. Une végétation abondante, des arbres, des fleurs, des fruits, voilà ce qui fait le charme du paradis pour les indigènes de la Nouvelle-

Guinée, comme pour les Canaques, et pour plusieurs tribus d'Indiens. Le Tlalocan des Aztèques, tel que le montrent les fresques de Teotihuacan, était conçu comme un jardin d'abondance. Bien entendu, dans ces édens, les plantes croissent sans que l'homme ait à fournir le moindre travail pour les faire pousser. D'une manière générale, d'ailleurs, les bienheureux, dans le ciel, passent le temps à se reposer. Ainsi, dans le paradis malais, une douce oisiveté permet aux âmes des défunts de se consacrer aux plaisirs. Ceux-ci, d'ailleurs, sont sans limite et vont jusqu'à l'orgie. Les breuvages capiteux emplissent sans cesse les coupes. Il est des paradis cependant où les nectars sont d'une espèce particulière qui satisfait l'amateur de boissons sans l'enivrer. Il en est ainsi, on l'a vu, dans le ciel musulman. Ailleurs, il n'est question que de boire, et peu importe, semble-t-il, qu'on aille jusqu'à l'ébriété. Ainsi, pour les Eskimos, le séjour céleste est purement et simplement caractérisé par l'abondance de tout ce qui est bon à boire et à manger. Dans l'Inde ancienne, on croyait à l'existence, dans la voûte céleste, d'un pays des morts sur lequel régnait Yama et où les breuvages coulaient à profusion. Le sôma, bien sûr, était une des boissons du ciel védique. La danse et la musique sont également parmi les plaisirs que l'on considère généralement comme accordés aux habitants des paradis, que ce soit dans la tradition védique ou dans celle de plusieurs tribus américaines ou encore en Indonésie, et, à vrai dire, un peu partout dans le monde. Les voluptés de l'amour ne sont pas exclues, en général, de ces mondes enchanteurs. Et comme ce sont le plus souvent les hommes qui façonnent les mythes, les jolies femmes sont, dans les paradis, comme les fleurs, les chants et les vins, des dispensatrices de plaisirs à la disposition des bienheureux. Dans le ciel de Yama, pas plus austère que celui de

Mahomet, les trépassés qui ont vécu dignement ont droit à toutes les délices, y compris celles de la chair. Dans les cinq cieux de la religion hindouiste, tout comme dans le paradis védique, les belles danseuses charment les convives. Bien entendu, pour jouir de ces délices, il ne faut point vieillir. Aussi bien l'éternelle jeunesse est-elle partout de rigueur. D'une manière générale, d'ailleurs, l'existence paradisiaque est à l'abri de tous les désagréments et malheurs. Tout ce que l'homme redoute sur terre, il se promet d'en être délivré dans le ciel. Les descriptions qu'on en fait sont même assez souvent plus précises dans leur forme négative que dans leurs caractéristiques positives. Le grand privilège du monde de l'au-delà, pour maintes tribus d'Afrique, c'est qu'on n'y connaît ni la faim ni la douleur ni la décrépitude. Le ciel des habitants de la Malaisie est préservé de tous les maux. En particulier, on n'y fournit aucun effort. Et l'absence de tout travail se retrouve dans les conceptions de beaucoup d'autres peuples. Les Todas de l'Inde ne sont pas aussi exigeants. Ils n'espèrent pas une oisiveté totale, mais aspirent surtout à voir leur travail garanti contre les fléaux qui en ruinent les effets. C'est pourquoi leur paradis est exempt de tous les rats, cochons et autres animaux qui détruisent les récoltes. Dans le ciel de Brahma de la religion hindouiste, on a plus de chances encore : ce sont tous les maux physiques, la faim, la soif, la fatigue, la maladie qui sont bannis.

Mais des aspirations d'un ordre plus élevé que les précédentes se font jour aussi chez certains primitifs dans leur vision de l'existence *post mortem*. Ainsi les Lapons pensent que, dans le paradis souterrain, les hommes sont plus intelligents que sur la terre. Quand les religions se teintent de philosophie ou de mysticisme, elles promettent aux élus des récompenses purement spirituelles. Le christianisme se situe au point le plus élevé de ces traditions. Mais, avant lui ou en dehors de lui, bien des penseurs ont épuré le ciel de tous les plaisirs charnels. Les stoïciens, comme les néopythagoriciens, promettent aux âmes une existence faite de quiétude dans le ciel. Selon Plotin la contemplation de la vérité dans toute sa limpidité devrait être le privilège des âmes affranchies de l'existence terrestre. Dans le ciel zoroastrien, c'est la contemplation d'Aoura Mazda qui donne la béatitude. Dans la vision cosmologique de Dante, les âmes deviennent des astres qui dansent une ronde éternelle.

De telles perspectives risquaient de ne pas enchanter les esprits simples. C'est pourquoi, sans doute, certaines religions qui s'avançaient assez loin sur la vie de la spiritualisation préféraient offrir aux fidèles une hiérarchie de paradis où chacun pouvait trouver satisfaction. Dans l'hindouisme on compte cinq cieux étagés. Pour le bouddhisme, c'est l'union avec l'Absolu, l'anéantissement dans le nirwana qui constitue la véritable délivrance et qui est l'idéal sage. Mais les cinq cieux de la croyance hindoue, avec leurs plaisirs, sont conservés comme des étapes entre les différentes vies. Plus complexe encore est la doctrine du Mahayana [1] qui, tout en conservant le nirwana comme but suprême, établit une hiérarchie des cieux. Les premiers, juste au-dessus de notre univers terrestre, font partie comme lui du Royaume du Désir et l'on y jouit des plaisirs matériels en donnant satisfaction à la faim, à la soif et à l'appétit sexuel. Plus élevé est le Royaume de la Forme, où, dans les cieux de Brahma, les êtres ont une existence corporelle éthérée. Enfin, dans le Royaume supérieur, totalement affranchi de la forme et de la matière, l'esprit pur jouit de l'extase.

1. Voir à ce sujet : J. T. Addison, *La vie après la mort dans les croyances de l'humanité* (Édit. Payot, 1936), p. 289 sq.

La tradition hébraïque, qui nous est plus familière, justifie l'expression populaire du septième ciel par une hiérarchie de paradis. Dans le livre d'Énoch, le troisième des sept cieux comporte quatre rivières aux flots de lait, de miel, de vin et d'huile ; mais dans le septième les bienheureux sont réjouis par la seule contemplation de Dieu dans toute sa gloire. Les kabbalistes croyaient à sept cieux également et pensaient que, de l'un à l'autre, la béatitude devenait de plus en plus grande et spirituelle.

De notre promenade à travers les paradis, quelle leçon pouvons-nous maintenant tirer ? Plusieurs évidences s'imposent. D'abord, on l'a vu, l'imagination est tantôt exaltée, tantôt freinée par certaines représentations archétypiques. Tandis qu'elle éprouve une certaine peine (pas toujours insurmontable) à concevoir des édens souterrains, elle se grise au contraire aisément à l'évocation d'îles lointaines et prend son essor lorsqu'elle abandonne finalement le monde terrestre pour les rêveries ouraniennes. L'archétype de l'île bienheureuse est celui qui soutient aussi la foi des navigateurs, des aventuriers. Il se concrétisa à l'époque des grandes découvertes ; et peut-être aujourd'hui se manifeste-t-il secrètement, en se métamorphosant un peu, dans un monde où toutes les îles sont explorées, en se mettant à l'échelle des voyages intersidéraux. Quant à l'archétype céleste, il est indissolublement lié à celui d'ascension. Ses racines plongent loin dans notre inconscient. Le lever du soleil et sa course vers le zénith sont associés à un sentiment d'euphorie et surtout à un processus de sublimation intérieure, d'une manière qui a été bien mise en relief et, pour ainsi dire, expérimentalement vérifiée, par la technique psychanalytique du rêve éveillé [1]. Dans la sociologie du paradis, on voit que certaines mythologies hésitent parfois, comme c'est le cas en Égypte ou chez les Aztèques, entre la représentation solaire et la figuration céleste. L'ascension avec l'astre lumineux est assez souvent réservée aux héros, aux guerriers. Elle accentue le caractère exaltant et glorieux de la destinée ouranienne, en insistant précisément sur la métaphore ascensionnelle. Dans la figuration cosmique de l'organisation psychique suggérée par les expériences sur le rêve éveillé, la montée au ciel est associée par l'inconscient à la conquête du Surmoi ou, pour parler comme d'autres psychanalystes, à celle du Soi, qui serait une instance idéale, un état limite de l'être spirituel correspondant assez bien à ce que le Père Teilhard de Chardin définissait comme le maximum de l'hominisation. En construisant dans le ciel leurs paradis, les peuples invitent les hommes à entreprendre une sublimation de leurs désirs. La hiérarchie des cieux, leur étagement tel qu'on le voit dans certaines traditions, et aussi le processus même de l'évolution des notions à travers l'histoire des religions, semblent bien montrer que la métaphore céleste engage tout naturellement les spéculations sur la survie dans une sorte de marche vers une spiritualisation de plus en plus grande et de catharsis des aspirations humaines. Simple réplique de l'existence terrestre, le monde de l'au-delà est d'abord épuré des souffrances, ou bien celles-ci, bannies du paradis, sont réservées à une autre partie de ce monde qui est l'envers du premier et dont le lieu naturel est l'enfer souterrain. Les félicités du ciel ne sont donc, à ce stade, que le résultat d'une sorte de tri parmi les tribulations de l'existence terrestre, dont on ne garde que la bonne part. Aussi

1. Cf. R. Desoille, *Le Rêve éveillé en psychothérapie* (P. U. F., 1945).

bien n'y a-t-il pas de ciel possible pour ceux dont la vie n'est que misère : seuls les heureux de la terre peuvent trouver dans leur vie les éléments d'un bonheur posthume. Mais l'évolution, dans le sens de la sublimation, ne s'arrête pas là. Aux joies de la vie, on enlève, pour les élever au niveau paradisiaque, tout ce qu'elles comportent en elles-mêmes d'essentiellement éphémère, tout ce qui en elles finit par les corrompre. Ainsi, dans le ciel, les vins n'enivrent pas, les mets succulents ne donnent pas l'impression de satiété, les femmes qu'on possède gardent l'attrait de la virginité. Les désirs sont toujours à la hauteur de ce qui leur est offert. Le jardin de délices que décrit le Koran se situe très exactement à ce second stade de la sublimation. Ce n'est pas le dernier. Il y a des paradis plus élevés, où la béatitude n'a plus rien de corporel. Alors, elle est pure contemplation de la divinité, de sa perfection, de sa gloire. Ou bien, plus intellectualiste, elle est saisie directe de la Vérité.

Mais qu'est-ce à dire ? La correspondance entre cette montée vers un paradis de plus en plus spiritualisé et la conquête par l'homme de sa propre spiritualité ; cette fonction à la fois cosmologique, eschatologique et psychothérapeutique de l'archétype de l'ascension, dont nous parlions ; le parallélisme entre l'évolution culturelle, religieuse et la transformation des idées relatives à la survie, tout cela ne suggère-t-il pas qu'en réalité les peuples ont toujours les paradis qu'ils méritent ? Plus exactement, pour souhaiter, pour accepter une existence céleste désincarnée, il faut avoir accompli sur terre, déjà, un certain itinéraire spirituel. Pour concevoir la béatitude promise aux élus qui contemplent Dieu, il faut déjà s'être avancé assez loin dans la voie du mysticisme et, par conséquent, avoir déjà entrevu sur terre la récompense qu'on attend pour plus tard. En d'autres termes, le ciel est à la hauteur des hommes qui le décrivent. Ce n'est pas seulement au seuil de l'évolution qu'il est une réplique de l'existence terrestre. Ou du moins, s'il cesse d'être calqué sur elle, il en conserve les aspirations. De même que le sauvage des régions désertiques imagine un éden verdoyant où les fontaines et les ruisseaux chantent sans trêve, de même le sage qui médite peut croire à un paradis affranchi des désirs charnels, le mystique peut espérer connaître après sa mort, l'éternelle contemplation du Verbe.

On dit, dans beaucoup de grandes religions, que les hommes de bien iront au ciel, et les méchants en enfer. Certes, le séjour des damnés est décrit en des termes tels que personne, même les grands pécheurs, ne peut désirer d'en connaître les tourments. Par contre, le ciel réservé aux élus est souvent tel que les méchants ne sauraient sérieusement souhaiter d'y séjourner éternellement. Ils n'y trouveraient rien de ce qu'ils aiment. Spinoza disait que la béatitude n'est pas le prix de la vertu, qu'elle est la vertu elle-même. Le ciel des chrétiens est essentiellement vertueux et ne peut plaire qu'aux hommes vertueux. On se demande si quelque rage sadique n'a pas parfois animé certains commentateurs dans leurs descriptions de l'enfer. Car, en bonne logique, ce devrait être tout simplement le lieu du vice, et les tourments qu'on y endurerait seraient ceux du péché, tout simplement. Cet enfer serait, non pas le châtiment du vice, mais le vice lui-même. Quoi qu'il en soit de l'enfer, que trop de raisons ont empêché d'évoluer de la même manière que le paradis, il n'en est pas moins vrai que ce dernier, en tout cas, apparaît, dans l'histoire des religions, comme un reflet fidèle de l'évolution morale des peuples. La transposition de l'état d'âme collectif en des images et des mythes grâce à la force suggestive des archétypes serait dans la fonction sociale du paradis. Quant aux contradictions internes que nous avons dès l'abord trouvées dans cette notion, elles ne sont pas en cause mais ne sont pas résolues. Car la transposition ne comporte aucun éclaircissement des aspirations qui sont ainsi portées au ciel. Le paradis, en tant que mythe ayant une fonction sociale, reste au niveau du peuple qui l'élabore. Il se façonne à ses vœux, mais ne les arrache pas à leurs antinomies. Il peut les exalter, non point les créer ou les changer. Finalement, il s'impose aux sociétés parce qu'il leur permet de ne point voir les incertitudes qui déchirent l'homme. Peuples archaïques, vous ne savez pas ce que vous pouvez espérer ; ou plutôt vos espoirs s'évanouiraient si vous vouliez les analyser et en chercher la fin dernière ; mais il vous suffit, pour qu'ils vous soutiennent et vous aident à vivre, que vous les projetiez sur le plan inaccessible du paradis.

CHAPITRE III

Les voies d'accès

Reprenons maintenant le problème tel que nous l'avions laissé avant de voir ce que pouvait représenter le paradis pour les sociétés. Nous étions restés sur l'impression décevante que cette notion est tout entière pétrie de contradictions. Il resterait à voir maintenant s'il ne serait pas possible, précisément, de trouver dans la contradiction même la clef du paradis.

Le mysticisme, qui nous a semblé représenter jusqu'à présent la seule porte ouverte, est souvent présenté, par ceux qui en ont l'expérience, comme un moyen de se mouvoir au sein des contradictions, ou plutôt de les transcender, de passer outre. Les témoignages des grands mystiques sont nombreux à ce sujet. Antithèse du néant et de la plénitude, de la personne et de la dépersonnalisation, de la douleur et de la joie, de la nuit et du jour, de la conscience et de l'inconscience, de l'abandon et de la saisie du monde, tout cela le mystique l'admet et ne s'en embarrasse point. Mais quelle est sa solution ? Encore une fois, on ne peut, sur ce sujet, aller plus loin que la simple reconnaissance d'une possibilité, car le mysticisme n'est que mystère pour les profanes. Il n'a de sens que pour ceux qui baignent déjà dans sa lumière. Chercher à l'expliquer, à dire comment il concilie les contraires ou s'en affranchit, serait la plus vaine des entreprises. Mais, inversement, nier ce mode d'expérience pour la seule raison qu'on n'y a pas accédé soi-même, ce serait pousser bien loin la mauvaise foi. C'est là tout ce qu'on peut dire sur ce chapitre.

Il y a cependant d'autres moyens, peut-être, de reprendre la question, et par des voies plus ouvertes à la pensée commune. On rencontre, en effet, des philosophes qui, sans faire appel à l'irrationnel ou au suprarationnel, placent la contradiction au cœur de l'être ou parfois aussi de la raison. Reste à savoir si justement elles peuvent nous promettre le paradis et nous le rendre concevable.

Sans doute le plus bel effort pour faire à la contradiction sa place d'honneur consiste-t-il à situer en plein dans l'être son contraire, le non-être. On reconnaît là le point de départ de la métaphysique sartrienne. Mais son auteur serait, je suppose, fort étonné, de se voir cité dans une étude sur le paradis. Dans un huis clos avec soi-même ou avec autrui, l'homme existentialiste trouve bien plutôt une sorte d'enfer. Cela est dans la logique du système car, sur le plan de l'existence pure, il n'y a rien qui puisse, comme dans l'hégélianisme, surmonter les contradictions, rien au-delà d'elles. L'absurde est ici garant de l'absolue liberté humaine, et celle-ci ne pourrait échapper à l'angoisse qu'en se reniant elle-même. L'être en-soi, s'il cessait de sécréter son contraire le néant, serait impuissant à se penser lui-même. La conscience est ancrée dans la responsabilité toute nue ; elle se forge son propre projet et son devenir. Mais où cela peut-il la conduire ? Vers un avenir qui n'a d'autre qualité, d'autre valeur, dans le sens plein du mot, que d'être le sien, et qui certainement ne saurait être paradisiaque, car toute plénitude, tout achèvement dans une perfection serait négation de la liberté et de la temporalité,

c'est-à-dire de l'avenir même. Pour l'homme sartrien,
la liberté est une condamnation, presque une damnation, et en même temps c'est elle qui le définit tout
entier et fait sa dignité. Elle est absolue, mais avec
cette restriction grave qu'elle ne peut échapper à
elle-même ni à son caractère absolu. Tous les projets
lui sont donc ouverts, sauf justement celui qui serait
le paradis.

Mais il est d'autres moyens de partir de la contradiction comme d'une donnée première, et cette fois
avec des perspectives plus souriantes. Il est vrai
qu'alors, pour ouvrir une porte on doit en fermer
d'autres. Car il faut maintenant supposer que les
antinomies se résolvent ou plutôt se dépassent, que
l'histoire même des dépassements n'est pas incohé-
rente et absurde mais a un sens. Or le sens du devenir
pèse sur ce devenir. Donner une signification à
l'histoire, c'est évidemment limiter la liberté ou,
si l'on préfère, lui donner un autre visage. De toute
manière, elle n'est plus un absolu, elle n'est pas le
tout de l'histoire en marche. Ce qui se révèle et se
dévoile n'est pas pure existence. Oui, cette fois,
l'histoire est là, avec son propre déroulement. Vous
êtes libre, peut-être, de la comprendre ou de l'ignorer,
de marcher dans son sens ou de lui faire front.
Comme on peut se laisser porter par la vague ou bien
se retourner contre elle, mais en tout cas sans espoir
de l'arrêter. Alors, pourquoi recevrais-je le choc de
cette onde puissante qui monte à l'assaut des grèves,
au lieu de voguer sur elle et d'aller avec elle porté
par son flux, là où elle entraîne tout ? La réponse
vient d'elle-même : il s'agirait de savoir vers quel
bord elle va m'entraîner, et si ce rivage me plaît.
Je ne puis l'empêcher, tout seul face aux flots, d'aller
là où elle va, soit ! Mais j'ai au moins la possibilité
de m'abandonner à elle, de m'identifier à son mouvement, ou bien au contraire de la défier, même

vainement, et peut-être de retarder d'un instant, de ralentir cet entraînement. Alors il importe avant tout que je cherche à savoir si, à mon goût, sa direction est bonne ou mauvaise. Elle roule vers la plage. Grand bien lui fasse. Et si moi je préfère la haute mer !

Quand on reconnaît un sens à l'histoire et qu'on veut en même temps écarter le fatalisme paresseux, on ne peut empêcher que s'élève une question sur les horizons proches ou lointains. C'est pourquoi l'on aurait tort de considérer comme secondaires, dans la doctrine marxiste, les anticipations. Mais il faut se montrer ici fort circonspect et ne pas faire dire aux théoriciens ce qu'ils n'ont pas dit. Posons le problème simplement et franchement : qu'est-ce qui empêcherait le matérialisme dialectique de nous séduire avec l'espérance que l'histoire est en marche vers une sorte de paradis ? En apparence, rien n'interdirait au marxisme, s'il était simpliste, d'ouvrir cette perspective. Il est évident, en effet, qu'il fait grand cas de la notion de progrès. Or qu'est-ce que le progrès, dans une *Weltanschauung*, dans une conception de l'univers, sinon précisément la marche vers un monde meilleur ? Et si le progrès continue toujours de se réaliser, le monde sera sans cesse plus proche de ce que les hommes appellent communément le paradis.

Mais ce raisonnement facile se heurte à une grave objection : c'est que précisément en songeant au paradis vous vous portez par l'esprit au terme de ce progrès et, par là même, en lui donnant un idéal, vous le fermez. Vous arrêtez le devenir en décrivant son achèvement, sa fin. Or cela est incompatible avec une philosophie qui, justement, fait du devenir, de la progression dialectique, l'essence de l'être. La définition de l'histoire comme une marche vers l'éden est aussi opposée que possible à la démarche même de l'esprit qui s'efforce de comprendre entièrement l'être par l'histoire. Les marxistes sont logiques lorsqu'ils rejettent toute spéculation sur un avenir d'absolue félicité et de perfection en la condamnant comme une utopie. Et leurs détracteurs sont de mauvaise foi quand ils ironisent sur le prétendu « paradis marxiste ». On peut accepter ou rejeter une philosophie. On n'a jamais le droit de la critiquer en la déguisant. Le paradis n'a pas sa place dans l'idéologie du matérialisme dialectique, sinon parmi les « fétiches » qu'il se vante de renverser. Qu'on ne lui reproche pas l'utopie, puisque justement il se définit comme une négation de toutes les utopies.

Cela dit, il faut tout de même regarder de plus près ses promesses. Car, encore une fois, s'il est de son essence de renoncer à toute perspective qui fige l'histoire, il est par contre dans sa vocation de trouver un sens à l'histoire et d'affirmer qu'elle mène au progrès. Ni Karl Marx ni Lénine n'ont hésité à prévoir qu'après la résolution de certaines contradictions la société s'ouvrira à un avenir où les hommes, devenus meilleurs, travailleront dans la joie et vivront sans contrainte, l'autorité de l'État n'ayant même plus de raison d'être. Cependant, ils affirment en même temps que la nécessité de cette évolution vers le mieux exerce une action dialectique et non pas mécanique, de sorte que la réalisation de la vie quasi paradisiaque est, en un sens, prévisible, mais non pas à proprement parler fatale. Engels, plus volontiers explicite en ce sens que Marx, a même affirmé que jamais ne sera atteinte cette étape idéale, car « l'histoire ne peut trouver une conclusion parfaite », et l'évolution se poursuivra sans fin. Cela représente, à coup sûr, la stricte orthodoxie dans la doctrine.

Alors, ne pourrait-on pas dire que, pour le marxisme, le paradis réalisé est une utopie, mais qu'on peut, si l'on veut, imaginer un paradis inaccessible vers lequel tendrait indéfiniment le progrès historique ? Ce serait une sorte de noumène, ou, si l'on préfère, cela correspondrait à ce que les géomètres appellent une ligne asymptote. Ainsi entendue, comme un moment jamais atteint mais dont le devenir nous rapprocherait de plus en plus, l'idée d'un paradis pourrait être accueillie par la pensée marxiste. Il faudrait cependant bien préciser qu'à la différence du ciel prévu par certaines religions pour ceux qui le méritent, ce serait un pur objet de pensée sans réalité. D'autre part, il ne serait promis à aucun de nous, il ne serait absolument pas la récompense posthume d'une vie de foi et d'effort. Tandis que le fidèle d'une religion peut accepter certains sacrifices dans l'espoir d'être, en compensation, admis aux béatitudes célestes après sa mort, l'homme marxiste, lui, n'attend pas une gratification personnelle de l'histoire qu'il contribue à forger ; et quand il entrevoit dans l'avenir lointain la conquête par l'homme d'une existence libre et joyeuse, il sait bien que ce n'est pas lui qui en bénéficiera, mais les générations à venir. Lui, à ce moment, il sera néant. Même à titre de noumène, le paradis social intéresse l'humanité de demain, mais point directement l'individu actuel dans son égoïsme. Voilà pourquoi, de toute manière, la tentation de transformer le noumène en utopie n'est pas conforme à l'esprit du système.

Dans ces conditions, dira-t-on, il serait plus simple de tout bonnement conclure que dans la philosophie du matérialisme dialectique on ne trouve aucune notion positive correspondant à ce que l'on entend généralement quand on parle de paradis. Or cela ne serait pas tout à fait exact puisque, répétons-le, le marxisme espère de l'histoire une amélioration de la condition humaine. Dès lors le paradis, pour asymptotique qu'il soit, pour inaccessible et dépourvu de réalité qu'on l'affirme, n'en confère pas moins à l'avenir les couleurs de l'espérance. Et n'est-ce pas là, au fond, une des fonctions essentielles de la notion de paradis ? Ainsi, une philosophie de l'histoire fondée sur la dialectique et la croyance au progrès peut très bien, tout en rejetant comme utopique l'idée d'un paradis réalisable, donner au sens de l'histoire la même valeur prometteuse que s'il s'agissait d'une marche vers l'éden.

Faisons maintenant le bilan de nos enquêtes. En tant que notion, qu'objet de pensée, le paradis est fait de contradictions. S'il a cependant un éternel prestige, c'est parce que sa conception et sa représentation peuvent avoir plusieurs rôles, plusieurs fonctions. Fonction psychologique : c'est l'espérance que donne un rêve imprécis. Fonction sociale : il exprime, grâce à des archétypes, un certain aspect de la conscience collective et il la suit dans ses efforts pour réaliser une sublimation de ses aspirations profondes. Peut-on aller au-delà de la contradiction elle-même et du pur fonctionnalisme ? Oui, si l'on fait crédit à la méthode mystique. Mais, hors du mysticisme, le paradis ne peut plus être sauvé qu'en devenant noumène, pur objet de pensée qui colore seulement d'espérance un devenir construit sans lui.

Faut-il donc affirmer qu'il n'y a pas de paradis ? Non, cela n'est nullement démontré. Il peut exister, mais tellement au-delà de nos pensées que par l'analyse et la raison nous ne parvenions qu'à le réduire en miettes. Gardons-en l'espérance, si douce, et renonçons tout simplement à la prétention de hausser jusque-là notre faible intellect. Le paradis, ce n'est en tout cas pas une notion, pas un concept. C'est un au-delà.

Par son intelligence, l'homme n'en peut saisir que le besoin, non pas même l'existence. Quand il emploie le mot, pour en parler, puisqu'il lui arrive souvent de parler de l'ineffable, qu'il ne le fasse pas comme s'il s'agissait d'un objet qu'il peut concevoir.

La notion de paradis, qui semble concrétiser et porter aux nues les espoirs des hommes, n'a en réalité aucune cohérence ou consistance dans leurs esprits. Elle n'a de signification que dans une connaissance purement mystique, absolument incommunicable, où précisément n'ont plus cours la notion de concept et le concept de notion.

CHAPITRE IV

Paradis promis et perdus

Il est vrai qu'après avoir éteint de fausses clartés et situé dans l'impensable, non pas nécessairement dans l'irréel, un paradis de l'espoir, il reste encore à parler du paradis des regrets ou, comme l'on dit plus couramment, du paradis perdu. Celui-ci, d'ailleurs, peut très bien coexister avec le premier dans un même système de croyances, comme cela se voit dans les religions judéo-chrétiennes.

Chose étrange, le mythe du paradis perdu est fort répandu dans les populations dites primitives, ainsi que la notion de déchéance, d'une chute comme conséquence d'un péché, dans des contextes où ne se trouve pas du tout en contrepartie l'espoir d'un salut. Dans les documents ethnographiques, on fait souvent la rencontre d'un paradis perdu qu'il n'est même pas question de retrouver, sinon fugitivement.

Serait-ce donc que le regret est plus naturel aux hommes que l'espérance ? Peut-être pas nécessairement. Mais leur esprit, sans doute, fait plus aisément crédit au passé qu'à l'avenir, du moins lorsque leur civilisation s'endort au lieu de se faire entreprenante. Et puis ce mythe est plus facilement étiologique, explicatif que celui de l'éden après la mort. Il permet de comprendre, avec la chute, pourquoi l'homme est inférieur à ses rêves, pourquoi il lui vient parfois le sentiment d'avoir des attaches secrètes avec un monde surnaturel auquel il n'appartient plus. Lamartine a traduit une très ancestrale conviction, quand il a écrit ces vers célèbres :

*Borné dans sa nature, infini dans ses vœux
L'homme est un Dieu tombé qui se souvient des cieux.*

S'il est vrai que l'homme est par vocation, et dès le premier éveil de sa pensée, un « animal métaphysique », il est assez logique de supposer qu'une des premières explications dont il ait éprouvé le besoin soit justement celle de son existence malheureuse, de la privation d'un bonheur absolu.

Quels sont les rapports entre les conceptions du paradis passé et celles du paradis futur ? Il arrive qu'elles se confondent dans les systèmes fondés sur la notion de l'éternel retour ou du temps cyclique. Sans avoir une telle précision, il semble bien que la tradition à laquelle se réfère Virgile dans la quatrième églogue soit un peu du même genre.

Ultima Cumaei venit jam carminis aetas.

Voici venir le dernier âge prédit par la Sibylle de Cumes. Il est assez difficile de préciser s'il s'agit d'une sorte de fin du monde et quelle serait la durée du cycle allant d'un âge à l'autre. De toute manière, Virgile, se faisant l'interprète de croyances très répandues à son époque, annonçait un retour de l'âge d'or, c'est-à-dire une rénovation du monde ayant « pour effet d'y restaurer, comme aux origines, le gouvernement des dieux, de ceux surtout dont on attend les bienfaits de la justice, de la paix, de l'égalité de tous dans l'abondance, le divin Hélios, le débonnaire Saturne, la bonne Dame du Ciel, qui est à la fois la justice et la Bonne Fortune [1] ». Dans ces

1. H. Jeanmaire, *La Sibylle et le retour de l'âge d'or* (Édit. Leroux, 1939), p. 110.

traditions qui remontent sans doute très loin dans l'antiquité, et dont les sources sont peut-être disséminées entre plusieurs foyers culturels archaïques, la condition humaine se trouve située entre deux âges d'or.

Dans la pensée judéo-chrétienne, les descriptions du paradis perdu sont fort différentes des spéculations sur le ciel où s'en vont les âmes des justes après la mort. C'est un paradis très terrestre que connurent Adam et Ève, et non point une sorte de coexistence avec Dieu et les purs esprits, comme cela sera dans le séjour céleste promis aux élus du Seigneur. Certes, le premier homme avant la chute n'était pas séparé du Créateur ; il pouvait s'entretenir avec Lui. Mais son domaine n'avait pas les dimensions de l'infini. Il n'était pas éternel ; il n'atteignait d'aucune manière à la perfection. Œuvre de création, cet éden était sous la dépendance de son auteur. Infini, parfait, il lui eût échappé. Mieux encore, étant à la mesure de l'homme, il était à la merci de cet être chétif et faillible.

Une question vient à l'esprit : puisque le paradis terrestre était en tout point inférieur au paradis céleste, espoir suprême des hommes de bien, n'est-ce pas une chance, en somme, qu'Adam ait désobéi au Seigneur ? S'il ne l'avait pas fait, s'il n'avait pas croqué la pomme, il ne serait pas devenu mortel et, par conséquent, il aurait continué de vivre éternellement dans le jardin d'Éden, exclu à jamais, quels que fussent ses mérites, du véritable paradis. En ce sens, le péché d'Adam peut être dit bénéfique. *Felix culpa?* N'est-ce pas une conclusion choquante ? On peut répondre d'abord que tout cela, aussi bien la faute que la chute et la rédemption, était prévu de toute éternité dans la prescience divine. Le créateur, en plaçant Adam au milieu de l'Éden terrestre, en lui faisant interdiction de toucher à un fruit, savait qu'il allait désobéir et, en faisant entrer le malheur avec le péché dans l'univers humain, ouvrir une porte sur le vrai paradis pour ceux qui sauraient mériter d'y accéder. Bref, le paradis terrestre n'était institué que pour disparaître. Il fallait qu'il fût imparfait pour que s'expliquât la misère de la condition humaine et la grandeur de son rachat. Ici encore, l'histoire, qui fait son apparition avec la chute, est liée au malheur, mais, en même temps qu'elle l'explique, elle rend compte aussi de l'espérance. D'autre part, si la comparaison entre le paradis d'Adam et le ciel des élus est à l'avantage du second, il ne faut pas oublier que tous les hommes ne sont pas des élus. La faute de notre ancêtre est peut-être bienheureuse pour les justes, mais elle ne l'est point pour tout le monde. Enfin, sans la possibilité même de pécher, la créature n'eût pas été différente de Dieu, et, comme l'écrit Victor Hugo :

La création sainte où rêve le prophète
Pour être, ô profondeur ! devait être imparfaite.
Donc Dieu fit l'Univers, l'Univers fit le mal.

Cette imperfection du premier paradis portant en soi les germes de la faute et de la chute, on la retrouve dans de nombreuses mythologies où, toujours, elle a manifestement pour fonction d'expliquer le malheur de la condition humaine, en même temps que ses espoirs ou ses possibilités de se régénérer.

Par exemple, en Afrique, les Dogons racontent qu'autrefois le grand dieu Amma avait créé tous les êtres immortels, aussi bien les hommes à proprement parler que les génies yeban vivant dans les cavernes et les Andoumboulou, petits hommes rouges. Lorsqu'ils atteignaient un âge avancé, les Andoumboulou se transformaient en serpents, et les hommes en génies yeban, sans jamais mourir.

Mais, en conséquence d'une série de fautes, de ruptures d'interdits, en particulier par suite du rapt de fibres rouges, les uns et les autres, pour leur punition, devinrent mortels [1].

C'est surtout dans les traditions chamanistiques des peuples primitifs d'Asie, d'Amérique et même d'Australie que l'on trouve des mythes explicites se rapportant à la notion d'un paradis perdu. Mircea Eliade, dans plusieurs de ses ouvrages [2], en a présenté une étude détaillée, fondée sur une abondante documentation. Si l'on fait la synthèse de ces mythes, on peut dire que le paradis primordial est, d'une manière générale, un univers dans lequel la condition humaine, contrairement à ce qu'elle est devenue après la chute, possédait les caractéristiques suivantes : « immortalité, spontanéité, liberté ; possibilité d'ascension au ciel et rencontre facile avec les dieux ; amitié avec les animaux et connaissance de leur langue ». Or le chaman, le medicine-man, le magicien initié est censé avoir la possibilité de recouvrer par moments certains de ces avantages. Et, par là même, les croyances et pratiques chamanistiques présentent un caractère nettement mystique, dont Mircea Eliade a souligné l'importance en faisant des rapprochements instructifs. La nostalgie du paradis justifie les tentatives de certains hommes inspirés pour restaurer à leur profit la vie paradisiaque, ou plus exactement celle d'avant la chute. Mais, dans les religions de salut, cet effort du mystique pour s'affranchir des limitations de la condition humaine terrestre est en même temps, comme on l'a vu, une tentative pour entrevoir le vrai paradis,

---

[1]. Cf. Dieterlen, *Les âmes des Dogons* (Institut d'Ethnologie, 1941), p. 10 sq, et M. Griaule, *Masques dogons* (Institut d'Ethnologie, 1938), p. 55 sq.

[2]. Voir en particulier M. Eliade, « La nostalgie du paradis dans les traditions primitives » (in *Diogène*, 1953. n° 3, p. 31 sq.).

qui n'est plus seulement celui de l'âge d'or perdu, mais bien davantage celui de la perfection céleste. En cela, il faut bien le dire, l'horizon mystique des grandes religions est assez différent de celui des chamans archaïques. Ceux-ci, avec leurs rites, leurs danses, leurs transes cherchent seulement à renouer un lien avec le monde surnaturel et à retrouver ainsi ce qui existait autrefois. Ils ne songent pas aux béatitudes éternelles. Mais, puisque nous nous occupons maintenant du paradis perdu, c'est encore le chamanisme qui nous en révèle la fonction sous sa forme la plus saisissable. Et, manifestement, le mythe en question sert surtout à expliquer les pouvoirs du chaman et les déficiences de la condition humaine ordinaire.

Le passage du concept de paradis primordial à celui de chute, qui est essentiel dans tout ce système explicatif, soulève de nombreuses difficultés, surtout lorsqu'on veut le hausser à un niveau philosophique sur lequel, bien sûr, les pratiques archaïques ne le situent peut-être pas toujours.

Essayons maintenant de voir le problème sous ce jour : est-ce que le paradis terrestre, en tant qu'explication de la condition humaine, est satisfaisant pour l'esprit ?

Dans les conceptions purement rationnelles et dialectiques du monde, on ne voit pas bien ce que représenterait l'hypothèse d'un âge d'or comme point de départ de l'évolution. Lorsqu'on part de l'être en contradiction et en progrès, la question de savoir si justement la contradiction n'est pas venue d'une déchéance après un stade ontologique paisible n'a même pas à être posée. Si elle l'était, la dialectique aussi bien que la philosophie existentialiste aurait d'emblée des objections à faire valoir contre la notion d'un mode d'être antérieur au non-être et à la contradiction, ou, si l'on préfère, à celle d'une thèse sans

antithèse. D'où serait alors venue la contradiction ?
D'une faute à expier, dira-t-on. Mais comment une
faute serait-elle concevable avant que l'être parfait
n'ait rencontré son contraire ? Dans l'être plein et
sans déchirement, il n'y a aucun point de départ
pour l'histoire.

Cette objection est, en fait, difficilement réfutable,
à moins que l'on ne situe les conceptions de paradis
perdu et de chute dans une métaphysique manichéenne qui permettrait de placer au commence-
ment du monde la lutte des contraires. A l'origine
étaient à la fois le Bien et le Mal... La Lumière et
les Ténèbres. Or cette métaphysique est beaucoup
plus répandue qu'on ne le croirait. Le mazdéisme,
la religion de Zoroastre, qui ne survit guère que chez
les Parsis de l'Inde, n'en est pas le seul témoin. Dans
le cycle des croyances judéo-chrétiennes, sa place
est sans doute l'objet de discussions. Notons seulement combien est significatif le seul fait qu'il y ait
eu, parmi les chrétiens, des hérétiques manichéens
nombreux : pauliciens, bogomiles, patarins, cathares,
tous héritiers de la tradition dualiste. La doctrine
de l'Iranien Mani avait atteint saint Augustin,
avant sa conversion. Jusqu'au xe siècle, il y eut une
Église manichéenne. Et, au xiiie siècle, c'est encore
la doctrine du double principe originel, celle de la
contradiction primordiale, qui inspira la douloureuse hérésie des albigeois. Des chrétiens ont versé
leur sang parce qu'ils avaient cette foi tenace.

D'ailleurs, si le christianisme place le Verbe seul
à l'origine du monde, il n'en est pas moins obligé
de faire intervenir Satan pour expliquer l'univers
tel qu'il est. Le principe mauvais n'est plus originel,
mais il est antérieur à l'homme malheureux et il a
bien fallu lui supposer une puissance considérable.

Oui, il est vrai que Dieu est antérieur à Satan et
qu'avant la révolte des mauvais anges il n'y avait

nulle contradiction dans le monde. Encore n'est-il pas facile, dans ces conditions, de faire comprendre comment la révolte a pu naître dans la perfection du Bien, comment un ange a pu devenir mauvais quand le mal était non seulement inexistant mais inconcevable. Il devait y avoir au moins en germe la possibilité de révolte, c'est-à-dire, dans l'être, le principe de la contradiction. Si le dualisme manichéen devient une hérésie quand on en fait le premier moteur de l'être, du moins est-il non seulement acceptable, mais indispensable au début de l'Histoire sainte. C'est quand Satan s'oppose à Dieu que l'Histoire, dans ce qu'elle a de dramatique, commence. C'est pourquoi, dans bien des mythologies, le devenir a quelque chose de satanique ; il est en soi source d'impureté, et tout changement appelle des rites de purification, des rites de passage. Mircea Eliade a bien montré, rappelons-le encore, que l'histoire est, pour les primitifs, liée au malheur. D'autre part, une analyse du principe de répétition qui est essentiel à tous les rites montrerait clairement qu'il y a, au fond de l'âme humaine, telle qu'elle se révèle dans ses comportements archaïques, une sorte de nostalgie de l'ontologie[1], un refus de ce qui n'est pas fondé dans l'être immuable.

Mais que représente le regret de l'ontologie par rapport à celui du paradis perdu ? L'être plein, sans contradiction, se suffisant à soi-même, n'a certes pas d'histoire, mais ne saurait se penser lui-même. Que la conscience suppose le non-être, le néant, cela n'est plus à démontrer aujourd'hui. Les existentialistes, Sartre en particulier, l'ont bien établi.

Mais penchons-nous encore sur les enseignements de l'ethnographie. Le Grand Temps, le Temps mythique dans lequel sont reportés les êtres surnaturels

---

1. Cf. J. Cazeneuve, « Le principe de répétition dans le rite » (in *Cahiers internationaux de sociologie*, n° 23, 1957, p. 42-62).

archétypes de la condition humaine, héros de légende, ancêtres totémiques, demi-dieux, c'est aussi le temps où toutes choses sont confondues. Lévy-Bruhl a illustré par de très nombreux documents le caractère extrêmement fluide des images du monde mythique dans toutes les civilisations. On y voit les animaux se changer en hommes, et ceux-ci se métamorphoser en toutes sortes d'êtres. Nul n'y est emprisonné dans sa condition. Tout y est possible. Ainsi, le surnaturel est à la fois l'archétype de la règle et ce qui, étant au-dessus des règles, est absolument inconditionné. On peut donc inférer que, dans cette philosophie presque spontanée de la pensée primitive, c'est le conditionnement, l'assujettissement à des règles, l'emprisonnement des êtres dans des catégories séparées et immuables qui représente la chute, c'est-à-dire le passage du monde mythique au monde actuel, où tout n'est plus possible. Seul le magicien, se révoltant contre cet état de choses, renverse les règles, s'affranchit de la condition humaine et veut retrouver en partie les immenses possibilités du paradis perdu. Ce personnage prométhéen, sorcier, Satan au petit pied, universellement répandu dans les civilisations archaïques tente et prétend réussir une reconquête partielle de la puissance primordiale. Mais il ne la voit pas sous l'aspect pacifié que faisait espérer le rite religieux avec sa nostalgie de l'être plein, sans contradiction et sans histoire. Car cet être-là, bien sûr, est impuissant. Le magicien, lui, rejette toute quiétude pour retrouver l'être en contradiction, en gestation, l'être déchiré par le non-être, le Bien aux prises avec le Mal. Est-ce donc le chaos que nous fait entrevoir dans le temps mythique la prétention du magicien ? Oui, en un sens. Mais remarquons et n'oublions pas que le chaos et l'âge d'or sont étrangement proches et presque confondus dans bien des mythologies. La funeste lutte des Titans se mêle à la légende de l'époque idyllique. Il y a entre le désordre absolu et le paradis primordial certains rapports de parenté. Dans les récits confus des légendes magico-religieuses archaïques, comme dans toute genèse possible, se cache le manichéisme indispensable à l'explication du monde actuel avec ses angoisses et ses luttes. En fait, une analyse des mythologies montrerait clairement qu'il y a tout simplement là, dans cette fusion de l'âge d'or et du chaos, un dédoublement, ou plutôt une superposition de deux visions distinctes, comme cela arrive lorsque l'imagination cherche à se représenter les idéaux opposés. En somme, c'est la contradiction inhérente au concept même de paradis terrestre antérieur à la chute qui a conduit à l'élaboration de deux conceptions mythiques, dont chacune est animée par l'un des termes de l'antithèse. Bref, on n'a fait, par ces affabulations, que reculer ou voiler l'antinomie. Le Grand Temps est à la fois celui de l'inconditionné supérieur et antérieur aux règles et celui de la règle et du conditionnement ; celui de la quiétude impuissante et celui de la puissance angoissante. Il faut que le monde archétypique, celui de l'être en soi, paraisse supérieur au fini, mais aussi qu'il le légitime et le rende possible. Platon s'est trouvé en face d'un problème de ce genre à propos du πέφας et de l'ἀπείον, de la Limite et de l'Illimité. Et la philosophie platonicienne est, à bien des égards, une transposition métaphysique de la théorie implicite des mythes et des rites primitifs. Mère de notre réflexion moderne, elle est fille de pressentiments archaïques, immémoriaux. La philosophie de l'Académie n'est pas seulement l'héritière de Socrate, mais des hommes primitifs, qui pensaient sans presque le savoir. Cette continuité de la doctrine des Idées avec la grande tradition mythico-rituelle a été démontrée par les études menées sur deux lignes convergentes. D'une part, en effet, Marcel Griaule a retrouvé dans la cosmologie des Dogons une conception très platonicienne. Tempels, d'ailleurs, avait déjà ouvert la voie à ces comparaisons. Et, d'autre part, M. P. M. Schuhl, dans ses livres sur la formation de la pensée grecque [1], a montré que les mythes platoniciens étaient souvent inspirés par des croyances fort anciennes.

Dans ces conditions, que représente, par rapport aux philosophes rudimentaires et implicites des religions archaïques, le paradis perdu qui joue un si grand rôle dans les mythes étiologiques de tant de peuples ? Il est le lieu idéal auquel veut accéder le magicien en se haussant au-dessus des règles et de la condition humaine commune. Il est aussi le modèle archétypique sacré qui, par les rites religieux, sanctifie et légitime le monde profane. Bref, il porte en lui les raisons de l'ordre et du désordre. Ainsi, le paradis du regret recèle les mêmes contradictions que celui de l'espoir. L'éden perdu, comme le ciel promis aux justes, ne peut échapper aux antinomies de la raison et du désir. Mais, en outre, le premier, parce qu'il est primordial et non final, doit expliquer la chute. Et cela n'est pas le plus facile. Le ciel où montent les âmes après la mort, je vois bien comment on le gagne, à force de vertu. Mais le paradis d'Adam, il faut me dire pourquoi il fut perdu, car je ne vois pas comment l'homme qui méritait d'y être né finit par en être chassé, sinon parce que sa destinée était de pécher. Et d'où venait le péché, sinon d'une défense qui n'avait d'autre sens que d'inviter à la désobéissance, ou tout au moins d'en créer la possibilité ? Plus donc que le paradis de l'avenir, celui du passé doit satisfaire la raison, car il est là pour expliquer, il est conçu pour rendre

---

1. P. M. Schuhl. *Essai sur la formation de la pensée grecque* (P. U. F.) et surtout *La Fabulation platonicienne* (P. U. F.).

compte de la chute et d'une certaine nostalgie qui est elle-même, on l'a vu, fort ambiguë. Comment, dès lors, peut-il donner satisfaction, précisément, à cette inquiète raison qui demande à comprendre ? Il le peut en voilant, en masquant le problème, en permettant, grâce à la fluidité du mythe, une confusion entre le chaos et l'âge d'or, et en reculant la nécessité de l'option manichéenne assez loin pour qu'on la perde de vue. Mais, bien entendu, ce paradis, tout comme l'autre, réserve à la connaissance mystique de secrètes et confidentielles révélations qui sont au-delà des contradictions et que la raison raisonnante se ridiculiserait à vouloir analyser. Pour l'homme mystique, le paradis perdu n'est plus exactement une explication ; il est une vue directe qu'il prend de sa propre nature, de son état de créature de Dieu.

Et n'est-il vraiment que cela ? N'est-il qu'un objet d'intuition mystique ou bien une fallacieuse image qui tient lieu, à bon marché, d'explication pour l'homme étonné de se sentir déchu et de se souvenir des cieux ? Non, car le paradis perdu n'est pas uniquement fait pour la connaissance mystique ou pour le raisonnement. Il prend place aussi dans un langage qui parle plus directement et plus familièrement à l'homme. Cette image, ce mythe, a pour lui une valeur affective.

Comme le ciel des élus, le paradis perdu se présente souvent à nous sous l'aspect d'une image d'Épinal. Il n'est pas sans rapports, même, avec le monde enchanteur des contes de fées. « Au temps où les bêtes parlaient... » Jadis, autrefois. C'est-à-dire à une époque primordiale, merveilleuse. C'est, dans le folklore et la littérature enfantine, la transposition du Grand Temps des religions archaïques, celle du monde mythique des primitifs. C'est l'équivalent de cet Alchéringa des aborigènes australiens, époque lointaine où vivaient les ancêtres totémiques. C'est l'âge d'or, tel que nous l'avons appris avec Perrault, et tel qu'il reste dans notre cœur mêlé aux plus beaux souvenirs de notre enfance. « C'était au temps où les bêtes parlaient. » Autrefois, jadis. Dans un monde que notre imagination connaît, et auprès duquel la réalité nous donne l'impression d'une déchéance, d'une chute. Monde qui éveille chez l'adulte, hélas, plus de nostalgie que de joie.

Avec moins d'emprise, certes, que n'en exerçait la mythologie sur les primitifs crédules et croyants, l'univers des princesses endormies, des bonnes fées et des princes charmants captive nos imaginations. Il représente pour elles la menue monnaie d'un paradis perdu. Aussi bien est-ce la raison pour laquelle nous continuons toujours, plus ou moins, même lorsque notre cœur s'est endurci, de nourrir une tendresse particulière pour les contes de fées. C'est comme un reste en nous de mentalité primitive. Trop civilisés, nous nous détendons en rejoignant à la fois notre propre enfance et l'enfance de l'humanité. Nous gardons, dans une sorte d'inconscient collectif, l'âme d'un homme des sociétés archaïques, et, sans y croire comme il le fait, nous nous enchantons au récit de ses mythes.

Si Peau-d'Ane *m'était conté,*
J'y prendrais un plaisir extrême.

C'est La Fontaine qui le dit. Un poète, et qui toujours sans doute eut une âme d'enfant. Mais la poésie n'est-elle pas elle-même un effort pour recréer le paradis perdu ?

« Et moi-même, si Peau-d'Ane m'était conté, j'y prendrais un plaisir extrême. » Cette fois, c'est Lévy-Bruhl, le sociologue de la mentalité primitive, qui parle en citant La Fontaine. A la fin de son livre sur la mythologie primitive, il évoque justement cette « étroite parenté de notre folklore avec les mythes et les contes des primitifs ». Si nous prenons plaisir à ces contes, dit-il en conclusion, c'est parce qu'ils nous mettent en contact avec le monde fluide de la fabulation primitive, et nous permettent ainsi, lorsque nous écoutons ces récits merveilleux, de suspendre la dure contrainte à laquelle les progrès de l'intelligence scientifique, avec sa discipline positive, soumettent nos esprits d'hommes modernes. Alors, en cédant à l'enchantement de ces contes, « nous nous sentons redevenir semblables aux hommes qui jadis... regardaient la partie mystique de leur expérience comme aussi réelle et même plus vraiment réelle que la positive. C'est plus qu'une récréation. C'est une détente [1]. »

Ainsi, plus l'homme avance en âge et s'éloigne de l'enfance, plus la civilisation progresse et se détache des naïvetés archaïques, plus aussi l'imagination s'éloigne du paradis perdu. Mais elle ne perd jamais tout à fait le goût d'y revenir fugitivement.

Le paradis perdu de l'enfance, c'est pour chacun de nous l'objet de la plus secrète et profonde nostalgie. Et la tradition de l'éden dont fut chassé Adam éveille les mêmes sentiments et leur donne la valeur d'un dogme, d'une histoire sacrée.

Mais ici la psychanalyse, sous sa forme jungienne qu'évoque la notion d'archétype de l'inconscient collectif, et surtout, plus crûment, sous son aspect freudien, vient nous rejoindre et tente de nous entraîner beaucoup plus loin dans ces rapprochements. Ce n'est plus l'enfance mais la vie prénatale qui, dit-elle, représente en réalité le paradis perdu vers lequel notre subconscient, parfois, nous ramène sournoisement. Non seulement certains phénomènes

1. Lévy-Bruhl, *La Mythologie primitive* (Édit. Alcan, 1935), p. 318.

névrotiques, mais le besoin naturel de sommeil seraient pour Freud des manifestations du désir de retourner au sein maternel. Si les hommes de presque toutes les civilisations ont eu, pour y accomplir leurs rites sacrés, une prédilection pour les grottes, ainsi qu'en témoignent les documents ethnologiques et archéologiques, ce serait parce que l'effort pour retrouver le paradis perdu traduirait une tendance à recouvrer la quiétude de la vie fœtale, prénatale, dont la grotte est un symbole car elle représente le sein maternel. La coutume de l'inhumation des cadavres dans la position recroquevillée, si souvent observée chez de nombreux peuples, aurait le même sens : elle signifierait que l'homme mort reprend la position qu'il avait avant de naître pour y goûter la même tranquillité. Baudouin, dans ses études psychanalytiques sur l'âme enfantine, rapporte des observations qui paraissent confirmer de telles interprétations. Et, pour les freudiens, la fantaisie du retour à l'utérus est à l'origine du mythe de l'âge d'or.

Ces explications ont pour elles de sérieux arguments. Mais une objection se présente à l'esprit, ou plutôt à l'imagination. Car la nostalgie de la vie prénatale ne se pourrait matérialiser que par l'évocation des ténèbres, tandis que le paradis perdu, celui des contes de fées, celui de l'enfance est tout baigné de lumière, riche en couleurs ou azuré comme le ciel. Cette incompatibilité de tonalités peut sembler futile. Pourtant, elle ne saurait être prise à la légère par la psychanalyse, qui sait la valeur des images et du symbolisme. Cependant, les freudiens et les jungiens répondraient sans doute que le désir du retour à l'utérus, à l'existence prénatale, exprime surtout le refus d'affronter les difficultés de la vie, l'isolement de l'individu qui, séparé du sein maternel, se sent angoissé par ses responsabilités. Il s'agit bien alors de la fuite vers un refuge comparable à celui du sommeil. Le rêve, après tout, a lui aussi son domaine dans l'obscurité. Avec le symbolisme de la grotte, la continuité est encore facile à retrouver.

Et pourtant les affinités entre le rêve et le regret ou l'espoir du paradis sont évidentes. Le langage, le folklore de tous les pays souligne cette association. Comment résoudre cette apparente discorde dans l'éclairage des images ?

C'est qu'en réalité, si le paradis perdu est lumineux, il l'est d'une lumière plutôt lunaire que solaire, et qui laisse tout dans un certain halo, comme le rêve. Elle est elle-même contradictoire, comme ce qu'elle éclaire. Plutôt qu'une vraie lumière, c'est un compromis entre le clair et l'obscur. La célèbre et cornélienne « obscure clarté qui tombe des étoiles » est bien à la fois celle du rêve et du paradis de notre inconscient. On peut bien imaginer qu'elle nimbe aussi le regret de la vie prénatale.

Et nous voici, par le biais de ces évocations très subjectives et imprécises, amenés à constater une fois de plus l'importance de la valeur imaginative de certains concepts qui paraissent s'adresser à l'intellect, surtout quand il s'agit de ceux qui sont impliqués dans des mythes étiologiques. Le paradis est le monde des contradictions surmontées ou, plus souvent, voilées. Dans le rêve, les yeux se ferment sur elles. Dans l'existence prénatale, ils ne sont pas encore ouverts. Mais elles sont là, les antinomies, et il faut, pour que les images soient paradisiaques, qu'elles baignent dans une lumière équivoque, dans la fusion de ces deux contraires : le jour et la nuit. De sorte que l'antagonisme des deux principes manichéens règne jusque dans les aspects les plus imaginatifs du paradis terrestre.

C'est dans le domaine de l'imagination, en effet, avec tout ce qui l'enracine dans la sensibilité et l'affectivité, que l'archétype du paradis perdu révèle le mieux ses richesses. Là, peut-être même se montre-t-il plus précieux encore que le paradis de l'espoir.

Car la nostalgie du paradis perdu a l'immense mérite de donner plus de saveur à notre existence. Par cette référence plus ou moins explicite, toute joie, tout bonheur, tout instant privilégié peuvent facilement être imaginés comme des réminiscences d'un passé merveilleux, d'un âge d'or, ainsi que des étincelles qui brillent encore, jaillies d'un foyer éteint.

Est-ce que cela les explique ou les rend plus durables, ces minutes bénies qui nous font penser à l'éden primordial ? Non, sans doute. Mais elles peuvent acquérir plus de résonance dans notre vie, plus d'importance parce qu'on les rattache ainsi à un cadre plus vaste et qu'on les rapporte à une source plus essentielle. De plus, ces évocations permettent à l'imagination de broder autour d'un thème. Et puis il y a aussi l'impression ou l'illusion bénéfique et douce que le bonheur d'aujourd'hui c'est justement celui dont on avait la nostalgie, comme si l'on en avait été privé avant de le connaître. Il nous devient alors consubstantiel. Ainsi, quand on croit avoir trouvé la femme du grand amour, on lui dit que depuis toujours on l'attendait, et que même à travers les autres c'était elle qu'on cherchait. Comme si l'homme était fait pour rencontrer le bonheur, comme s'il se savait fait pour le bonheur. En somme, il se situe entre deux paradis, celui qu'il regrette et celui qu'il espère. Le malheur ne lui est qu'une aventure transitoire. Tombé de l'éden, il guette à chaque instant une félicité qui peut lui apparaître comme son dû, comme tout au moins une récupération partielle de l'état paradisiaque dont il croit se souvenir.

Mais surtout, le paradis perdu est une image dynamique sur laquelle peuvent converger, pour s'associer et se renforcer mutuellement plusieurs sentiments analogues. Ainsi, lorsque nous pensons au bonheur comme à quelque chose qui fait partie de notre nature et dont nous gardons le goût, c'est tout un ensemble d'évocations qui surgit en nous autour de l'archétype du paradis perdu. C'est le regret de l'enfance, celui du passé en général. Et c'est aussi la saveur particulière du mythe, c'est l'atmosphère mythique recréée miraculeusement en nos cœurs blasés d'hommes positifs et rationnels. La condition humaine, alors, est vue, dans ce qu'elle a de triste et de gai, sous un jour poétique. C'est même une des grandes sources du lyrisme qui jaillit, lorsque l'homme se replace dans son univers comme s'il était lui-même un être mythique.

Enfin le malheur même est, non pas exactement atténué, mais presque embelli, valorisé, quand on se croit un être fait en réalité pour le paradis. Cette douleur qui, selon Musset, peut nous rendre grands, que serait-elle si nous n'appartenions pas, par notre lointaine parenté, à l'éden des premiers temps ?

Eh quoi, est-ce là une conclusion ? Était-il besoin de faire le tour des paradis pour n'en retenir que de bien illusoires consolations ?

Faisons le bilan encore une fois. Paradis promis et paradis perdu ne sont pas des conceptions cohérentes. Ce sont des images qui voilent les contradictions, mais la raison n'y trouve rien qu'elle puisse saisir. Seule la connaissance mystique en peut faire son objet ; mais elle est réservée à quelques-uns et incommunicable.

Il reste seulement que le paradis, sous toutes ses formes, et même comme image d'Épinal, est un puissant archétype de l'imagination. Il donne aux espoirs et aux regrets une valeur qu'ils n'auraient pas si l'affectivité n'avait à sa disposition aucune image dynamique pour les faire retentir dans tout notre être. Il nous aide ainsi à mieux assumer la condition humaine. Car cela exige une adhésion totale, où l'intellect seul ne pourrait rien, mais où notre passé, notre enfance, notre héritage culturel et nos attaches avec l'humanité la plus primitive sont en cause. Une image archétypique, un mythe, c'est bien plus qu'une explication, c'est, par-delà le raisonnement impuissant à maîtriser les contradictions, une force vitale capable de toucher jusqu'aux profondeurs de notre inconscient. Espérance et nostalgie ne seraient que des émotions stériles sans le symbolisme paradisiaque. Avec lui, elles maintiennent l'unité de l'individu et celle de l'humanité dans une acceptation possible de notre condition.

Mais, dira-t-on, cette image qui voile les contradictions et abuse notre intelligence en se faisant passer pour un vrai concept, n'est-elle pas, en définitive, source d'équivoque et d'erreur? Attention! Ne confondez pas ces deux derniers mots. Il n'y aurait une erreur à proprement parler que dans la mesure où l'image ambiguë serait effectivement prise pour un concept clair. Cela oui, ce pourrait être nuisible, car il n'est jamais bon que nous pensions saisir par l'intelligence ce qui lui échappe en réalité. Et c'est pourquoi nous ne nous sommes pas fait faute, dans les pages qui précèdent, de proclamer que la prétendue notion de paradis était un faux concept et une fausse explication si, du moins, on entendait par là un concept définissable selon les exigences de la logique et une explication satisfaisante pour l'intelligence et la raison. Accueillir un symbole comme une notion analysable, c'est une erreur. Et toute erreur est condamnable.

Quand le pur symbole archétypique est envisagé comme tel, on ne peut plus parler d'erreur. Mais peut-être encore d'équivoque. Oui, en un sens, tout symbole est équivoque en cela même qu'il unit dans une participation ineffable des termes contraires. Il est au-delà de toute contradiction. Ainsi, l'image du paradis, dans ce qu'elle a d'utile et de fécond, nous permet justement de réaliser une salutaire unité de tout notre être, sur le plan affectif, aussi bien dans l'espérance que dans la nostalgie, mais cette unité se crée dans l'équivoque.

Il n'y a que deux solutions. Ou bien rester sur le plan de l'intellect pur et faire un aveu d'impuissance devant les contradictions du monde et les absurdités de la condition humaine, même si l'on remet à un avenir jamais atteint l'idéale solution de ce qui est actuellement insurmontable. Ou bien reconnaître que nous ne sommes pas pure intelligence, et que, sur un mode qui, à défaut d'être mystique, pourrait être, si l'on veut, poétique, certaines images nous font oublier la contradiction et l'absurdité. Oui, dira-t-on, mais c'est parce qu'elles nous trompent. C'est inexact. Elles ne nous trompent, encore une fois, que si nous leur assignons un rôle qu'elles n'ont pas. Mais, insistera-t-on, cette contradiction qui nous est voilée, elle existe pourtant. Ah! Qu'en savez-vous ? Il se pourrait qu'elle existât sur le plan où elle apparaît, à savoir celui de l'intelligence, et qu'elle n'existât pas sur le plan où elle disparaît. De l'affectivité et de la raison, laquelle nous révèle, quand il s'agit de la condition humaine, la vérité dernière ? Qui nous dit surtout que l'équivoque ou l'ambiguïté n'est pas indispensable à l'homme, et qu'elle n'est pas, en définitive, plus proche de la réalité transcendante ?

Laissez donc au paradis perdu comme au paradis promis leur essentielle imprécision. Ne déchirez pas le voile, puisque vos yeux n'ont pas le pouvoir, de toute manière, de voir au-delà. Ne précisez même pas l'image, car l'imagination aussi, quand elle veut servir l'intelligence, s'enfonce dans les contradictions et finit par rendre rebutantes ou dérisoires les descriptions qu'elle entreprend. Voyez l'imagination poétique. Elle ne doit pas, pour nous émouvoir et nous ravir, classer, compter, entrer dans les petits détails. Verlaine, dans son art poétique, l'avait admirablement sentie, cette prédilection de la poésie pour tout ce qui est voilé, esquissé, peut-être même équivoque. Ne craignons pas de répéter ces vers qui sont, bien plus que la profession de foi d'un symboliste, la justification des vrais symboles :

> *Il faut aussi que tu n'ailles point*
> *Choisir tes mots sans quelque méprise :*
> *Rien de plus cher que la chanson grise*
> *Où l'Indécis au Précis se joint.*

Évoquons avec Verlaine les « beaux yeux derrière des voiles », et encore la nuance qui, plus vague que la couleur, fiance « le rêve au rêve et la flûte au cor ».

C'est avec cet état d'âme qu'il faut s'abandonner aux images du paradis. L'analyse conceptuelle ne peut que les profaner et les anéantir. Si nous avons ici fait ce mauvais travail, c'était pour bien voir à quelle destruction il menait, c'était pour dénoncer une erreur, celle qui consiste à prendre un symbole pour un concept, à livrer aux raisonneurs ce que les poètes seuls auraient le droit d'effleurer.

Gardons nos paradis, mais dans l'intimité de nos cœurs. Et que nos rêves, nos espoirs et notre nostalgie du bonheur, sans quitter leur chère équivoque, y trouvent plus de grandeur, jusqu'à nous paraître sacrés.

Gardons nos paradis, même si, par malheur, nous

avons perdu la force d'y croire. Car il faut bien rêver à quelque chose. Et plutôt que de discréditer notre amère condition humaine, il est doux parfois de se laisser bercer par les voix qui nous parlent d'un passé merveilleux et d'un avenir sublime.

Maintenant, si vous préférez laisser vos regards fixés sur le réel, vous pouvez encore puiser dans les images du mythe, même en les écartant, la métaphore qui donnera la nuance arrogante à votre fierté d'incrédule et la force à votre défi, en disant avec Voltaire :

« Le paradis terrestre est où je suis. »

Craignez seulement d'avoir quelque peine à rester où vous êtes. Et qui me pourrait prouver que ma pensée doit rester où je suis? N'est-elle pas faite pour aller bien au-delà? Pourquoi la tenir en bride quand elle a l'humeur vagabonde? Et que gagne-t-on à lui couper les ailes? Il est vrai qu'elle vole plus vite et plus loin avec les ailes de l'imagination et du rêve qu'avec celles de la raison, si toutefois celle-ci en possède. Mais la raison elle-même n'a rien à y perdre, pourvu qu'on lui fasse sa part et qu'on ne lui attribue point des envolées qui ne sont pas son fait.

Laissons donc nos rêves s'éprendre du paradis, s'ils peuvent, au-delà de ce que nous sommes.

DEUXIÈME PARTIE

Les avatars du bonheur

CHAPITRE V

Le secret

Un journaliste avait eu l'idée de poser à diverses personnalités la question suivante : « Quel est selon vous le secret du bonheur ? » Il obtint des réponses de toutes sortes, banales ou brillantes, longues ou courtes. De Sacha Guitry il reçut celle-ci, qui, en tout cas, était la plus logique : « Voyons ! Comment pourrais-je en parler, puisque c'est un secret ? »

En vérité, la réplique, pour être moins piquante, eût été aussi exacte si la question avait été simplement : « Qu'est-ce que le bonheur ? » Car il est peut-être lui-même, par essence, un secret, c'est-à-dire ce dont on ne peut pas parler, ce dont il serait presque contradictoire de vouloir donner une définition.

Qu'est-ce que le bonheur ? Ce qui fait le malheur des autres, ou bien le malheur évité ou le malheur consolé, comme l'ont dit de bons auteurs. Il serait bien fâcheux surtout que le bonheur ne fût rien d'autre que ces négations. Mais essayez donc de le cerner par des affirmations, et vous verrez qu'il vous échappe aussitôt. Pourtant, cette notion mérite qu'on la regarde de près, car si elle aime le secret, elle est aussi la plus prestigieuse de toutes celles qui évoquent nos paradis quotidiens. Elle tend même à englober les autres, à prendre tout au moins appui sur elles.

Ainsi les joies de la vie peuvent être conçues

comme des éléments du bonheur, mais ne suffisent pas à le créer. D'ailleurs, elles n'en sont même pas une condition *sine qua non*. Un bonheur paisible et serein peut n'être pas traversé par de fréquents éclairs de gaieté. Il est terne, peut-être ; mais allez donc prouver à celui qui se contente d'une vie tranquille que ce n'est pas cela le bonheur. En tout cas, quelle que soit la conception qu'on s'en fasse, on admettra qu'un homme heureux n'est tout de même pas ivre de joie à chaque instant. Le bonheur, c'est un état continu. Certes, comme le dit André Gide, il favorise la joie, et celle-ci est rebelle aux malheureux. D'autre part, la joie demande souvent des prétextes momentanés, et pourtant, inversement, elle est moins directement liée aux événements extérieurs. C'est pourquoi on peut dire de certaines circonstances qu'elles sont heureuses. Mais on ne songerait pas à les qualifier de joyeuses, car la joie est en nous, non point dans la situation qui la provoque [1].

N'allons pas en conclure que le bonheur puisse se réduire à des faits objectifs. Il est toujours une appréciation qu'on porte sur eux. Mais, en certains cas, ce jugement subjectif est presque incontestable et *a priori*. Par exemple, il y a des événements qui sont d'emblée malheureux, comme les deuils (et encore faut-il parfois, hélas, faire la part de l'hypocrisie quand il s'agit du décès de l'oncle à héritage). Inversement, gagner à la loterie, guérir d'une maladie, sont choses heureuses. Soit. Pourtant, il s'agit toujours d'un jugement de valeur porté sur ce qui arrive, et, parfois, cela ne va pas de soi. « M. et Mme X... attendent un heureux événement », dit-on pudiquement. S'ils ont déjà beaucoup d'enfants, la formule est parfois un bel euphémisme !

C'est pourquoi le bonheur, étant lié à une appré-

---

1. Cf. J. Cazeneuve, *Psychologie de la joie* (Édit. Michel Brient).

ciation, peut être objet de discussion. Vous vous
croyez malheureux : on essayera de vous montrer
que vous n'avez point raison de l'être. On ne vous
convaincra peut-être pas. Toutefois, il ne sera pas
absurde de le tenter. Tandis qu'on n'essaiera pas de
vous prouver par un beau raisonnement que vous
devez être joyeux ou gai. Simplement on vous re-
prochera d'être morose ou mélancolique, d'être un
rabat-joie, un peu comme on le ferait pour se plaindre
d'une personne qui est nonchalante ou peu intelli-
gente. Dans ce cas, c'est votre être même qu'on in-
crimine, non votre façon de juger ceci ou cela.

C'est pour cette raison encore que vous pouvez
réfléchir sur le bonheur, essayer d'organiser le vôtre.
La joie et la gaieté, elles, se situent hors du champ
de l'activité intellectuelle.

Comment distinguer, maintenant, le bonheur du
plaisir ? Tous ces mots sont assez difficiles à définir
avec précision. Essayons d'abord de prendre le problème à l'envers. Certes, on peut dire que c'est un
malheur d'être affligé de douleurs ; et certains
événements comme les deuils peuvent être classés
dans l'une ou l'autre rubrique. Cependant, lorsqu'on
parle de la douleur de perdre un être cher, on emploie
à dessein un terme plus fort que ne le serait celui de
malheur. En quel sens ? Si l'on y réfléchit bien, on
verra qu'ici l'évocation de la douleur fait songer à
un mal physique, ou du moins à une manière char-
nelle d'éprouver le malheur en question. On imagine
alors une personne qui pleure, qui est secouée de tout
son être, et dont l'affliction est visible. Parler de
malheur en cette même occasion, ce serait envisager
le caractère néfaste de l'événement, sa conséquence
plus ou moins lointaine, plutôt que la réaction immédiate de l'individu qui l'éprouve ; ce serait surtout
ne pas se référer à l'effet direct et quasi instinctif.
Non pas le nier, mais simplement aller au-delà.

Un autre élément de la vie heureuse qui n'est pas exactement le bonheur, mais qu'un vocabulaire approximatif confond parfois avec lui c'est la chance, ou plus exactement la bonne chance, puisqu'il y a la bonne et la mauvaise, bien qu'on emploie souvent le mot sans qualificatif, absolument, avec un seul des deux sens : le premier.

On dit indifféremment qu'un homme est heureux en affaires ou qu'il a de la chance dans ce domaine. Certains adages, certaines locutions indiquent bien cette indistinction des deux notions. « Qui est heureux en amour n'a pas de chance au jeu. » Mais tout cela, comme aussi l'expression« heureux à la chasse », ce sont des abus de langage. Il est vrai qu'ils sont légitimés par l'étymologie. En effet, le mot *heur* vient du latin *augurium* et par conséquent désignait à l'origine un présage. Le bonheur à proprement parler c'est un signe de bonne chance. Qu'importe ? Les mots doivent être pris dans le sens qu'on leur donne habituellement, non pas celui qu'ils devraient avoir s'ils étaient restés fidèles à leurs ancêtres. Ce qui compte, c'est ce qu'ils évoquent. La chance se réfère uniquement aux événements extérieurs, à leur valeur faste ou néfaste selon une appréciation qui est censée être objective, et qui serait celle d'un observateur extérieur lui aussi. Elle ne concerne pas le jugement que le sujet lui-même porte sur l'événement. C'est pourquoi un homme chanceux peut n'être pas heureux. On dira sans doute qu'il aurait des raisons de l'être, qu'il devrait l'être ; mais on admettra (peut-être pour l'en blâmer) qu'il peut ne l'être pas.

Toutes ces questions de vocabulaire à propos de la gaieté, de la joie, du plaisir, de la chance, pour spécieuses qu'elles puissent paraître, n'étaient pas vaines puisqu'elles nous ont appris que le bonheur n'est pas totalement indépendant des circonstances et des conditions objectives et qu'il ne se réduit pas à elles, car il implique une évaluation subjective, une manière d'être à leur égard. Et c'est cela justement que l'on désigne quand on parle de secret du bonheur. Plusieurs philosophes se sont essayés avec succès à énumérer et décrire les causes du bonheur, et celles du malheur, ou plus exactement les conditions favorables ou défavorables à l'un ou l'autre. Ainsi Bertrand Russell [1] et Jules Payot [2] citent à juste titre, parmi les éléments fastes : la joie de vivre, la famille, le travail, la santé, l'argent, le pouvoir, etc. L'un et l'autre, d'ailleurs, se gardent d'oublier que tout cela est relatif et qu'il faut autre chose pour être heureux. Le bon sens commun le reconnaît aussi : « L'argent ne fait pas le bonheur. » Et les malins : « Oui, mais il y contribue. »

Ceux qui ont le plus insisté sur la distance entre le bonheur et ses prétendues causes extérieures, ce sont les stoïciens. Le sage, d'après eux, sait faire la distinction entre les choses qui dépendent de nous et celles sur quoi nous n'avons aucune prise. Il ne se laisse pas affecter par ces dernières. Pauvre, malade, estropié, torturé même, il se dira aussi heureux que s'il était riche et bien portant. Ce bel idéal, pourtant, semble difficile à atteindre. Nous y reviendrons.

Un autre enseignement que nous avons recueilli aux frontières entre les concepts voisins, c'est que le bonheur n'est pas révélé dans un instant fugitif, mais suppose une certaine continuité. Il s'applique sinon à toute une vie, du moins à une période de l'existence. « Ma femme et moi, disait, quelqu'un, nous avons été heureux pendant vingt ans. — Et ensuite, que vous est-il arrivé ? — Ensuite, nous nous sommes rencontrés et nous nous sommes mariés. »

1. Bertrand Russell, *La Conquête du bonheur* (traduit par N. Rabinot, Édit. Payot).
2. Jules Payot, *La Conquête du bonheur* (Édit. Alcan).

Est-ce à dire que le bonheur puisse se maintenir constant pendant des mois et des années? Non, bien sûr, car il est traversé par des chagrins, petits ou grands. Mais il est là, comme une toile de fond. Il y a donc, si l'on veut, une globalité du bonheur. C'est la tonalité générale d'une période. J'étais heureux à telle époque. Cela signifie que, dans mon souvenir, ce temps-là se présente comme une totalité portant cette marque. Pourtant, si j'interroge mieux ma mémoire, je découvre qu'il y eut alors quelques petits malheurs. Cela ne fait rien : j'étais heureux. Et pourquoi? Ah! cela, c'est difficile à expliquer. C'est un secret si bien gardé que je n'arriverai peut-être pas à le percer pour moi-même.

Essayons de tourner encore autour du problème en laissant de côté un moment les conditions extérieures et objectives pour soupeser cet élément subjectif, indéfinissable, qui fait l'intimité profonde du bonheur.

Il est assez rare qu'il se révèle dans sa plénitude au moment qu'il est vécu. Cela n'est pas surprenant, puisqu'il faut, pour le saisir, réfléchir sur soi-même, et que l'homme heureux se laisse vivre plutôt qu'il ne s'interroge. Le malheur, au contraire, et l'angoisse aiguisent la conscience de soi. Les philosophes existentialistes l'ont dit et répété, non sans raison, et ils ont même été jusqu'à soutenir que l'existence la plus authentique est celle de l'être qui se met en question. L'homme heureux, pourquoi le ferait-il? Le plus souvent, il l'est sans bien s'en rendre compte. C'est pour cela qu'il est plus facile et fréquent de parler de son bonheur au passé ou au futur qu'au présent.

Projeté dans l'avenir, il est un idéal ou un rêve qu'on caresse. L'expérience de la captivité, par exemple, a été pour beaucoup une occasion de savoir ce qu'il leur faudrait pour être heureux. Mais ensuite,

une fois les portes des camps ouvertes, la vie normale
est redevenue un présent. Et alors qu'est-il resté de
cette sagesse longuement ruminée ? La vie, souvent,
est faite de ces mensonges qu'on se fait à soi-même.
Quand j'aurai obtenu cette situation, ou bien quand
j'aurai gagné l'amour de cette femme, ou simplement
quand j'aurai recouvré la santé, je serai heureux. On
obtient ce qu'on souhaitait, et l'on oublie d'être
heureux, parce qu'on n'a plus le temps d'y penser
ou parce qu'on désire autre chose.

Plus instructive peut-être est la vision du bonheur
passé. Elle ne va pas sans quelque mélancolie ou
quelque regret. Mais elle permet un reclassement de
nos expériences selon des valeurs qui sont enfin
vraies. Pourtant, on peut discuter ce point. Cette
période de ma vie que j'ai traversée sans l'apprécier
et qui maintenant me semble avoir été heureuse,
l'était-elle authentiquement, puisque dans la réalité
elle ne m'apparaissait pas ainsi ? Où est la vérité du
bonheur ? Dans le jugement que je porte maintenant
sur ce passé, ou bien dans celui que je ne portais pas
lorsque cela était présent ? En exil, Napoléon fit à
O. Meara cette confidence : « Les plus beaux jours
de ma vie ont été ceux qui se sont écoulés depuis
seize jusqu'à vingt ans... J'étais heureux alors. Peut-
être ne l'ai-je point été quand je suis parvenu au
faîte de la suprême puissance : la multiplicité de mes
occupations était telle qu'elle ne me laissait pas réellement le loisir de jouir de cet état paisible qui constitue le bonheur. » Il est possible que le jeune Bona-
parte, avant sa vingtième année, n'était pas conscient
de vivre la plus belle phase de sa vie. Et alors, que
vaut le jugement porté bien plus tard par l'empereur
déchu sur ses années d'adolescence ? Eh bien, il faut
admettre que la vérité du bonheur est là, dans ce
retour en arrière, ou bien alors, le bonheur n'est
rien. En effet, nous avons vu qu'il ne peut se définir

que dans la réflexion. Dans la mesure par conséquent où le bonheur présent ne se saisit pas bien comme tel, il faut bien s'en remettre à la mémoire, lui faire confiance.

Oui, bien sûr, on objectera encore que le vieillard juge ses années passées selon des normes de vieil homme, qui n'étaient pas celles dont il aurait pu faire usage s'il avait réfléchi sur ces moments lorsqu'il les vivait. Mais puisque, précisément, il n'en était pas pleinement conscient, la seule valeur qui compte c'est celle qu'il proclame lorsqu'il peut enfin apprécier vraiment.

Etre heureux c'est se faire de beaux souvenirs. Cela pourrait être une définition[1]. Un peu triste, sans doute. Consolante, pourtant. Car, après tout, notre passé n'est pas un pur néant. Il n'est mort que dans le monde de l'objectivité. En nous il vit encore. Mieux, il est nous. Bien malheureux celui qui n'a pas le temps de se pencher sur son passé.

Marcel Proust, goûtant une madeleine trempée dans du thé, retrouvait dans cette saveur l'illusion d'un retour à sa jeunesse. De même, il nous arrive, en regardant une photographie, en rencontrant un ami perdu de vue depuis longtemps, ou bien même à la faveur d'expériences aussi évocatrices et imprévisibles que le point de départ vers le « côté de Guermantes », il nous arrive parfois d'éprouver une impression étrange et attendrissante devant les images du passé qui remontent à notre conscience. Cette émotion particulière, incomparable, que l'on pourrait appeler la reconnaissance affective du souvenir, s'accompagne souvent du sentiment que ce passé ressuscité reprend ses droits et sa juste valeur. C'est alors que, dans bien des cas, nous nous disons non sans surprise : « J'étais heureux à cette époque. »

1. C'est celle que retient Raymond Polin (in *Le bonheur considéré comme l'un des beaux-arts*, P. U. F., 1965, p. 93 sq.).

Il ne semble pas d'ailleurs que ces réapparitions et ces retrouvailles du temps enfui soient en elles mêmes joyeuses ou heureuses. Elles ont plutôt la nuance du regret, sinon le tragique effroi devant le caractère irréductible de ce qui est révolu. Et puis, il y a aussi les comparaisons. « J'étais heureux », cela signifie bien souvent : « Je ne le suis plus et ne le serai jamais autant. » Cependant, il n'y a pas que tristesse et malheur dans ces évocations. Le sentiment d'avoir connu autrefois la félicité ne crée pas le bonheur présent mais cette remémoration, si elle réalise le retour du passé avec suffisamment d'acuité, réintègre le souvenir dans le Moi présent au point qu'il fait corps avec lui et qu'une sorte de confusion s'établit. L'instant actuel est coloré par la nuance heureuse reconnue dans l'instant remémoré ; il baigne dans ce halo de bonheur.

Il y a dans cette « re-valorisation » du passé une certaine sagesse qui suppose une philosophie implicite du temps. C'est bien plus que de la résignation : c'est une justification de la vie. Nous parlions d'un sentiment de *reconnaissance* du souvenir. Il faudrait, ici, prendre le mot dans ses deux sens : reconnaître les images évoquées, c'est-à-dire les identifier ; et, d'autre part, éprouver de la gratitude pour ce bonheur qui nous fut accordé autrefois.

Un don Juan, rencontrant après bien des années une femme qui fut sa maîtresse et qu'il avait fait souffrir en la quittant, s'attendait à un accueil peu amical : « Vous m'en voulez encore, j'en suis sûr. — Au contraire, répondit-elle. Je vous suis reconnaissante de m'avoir fait vous aimer à ce point. Sans vous, je n'aurais pas su ce que c'était que l'amour. Et je suis heureuse de l'avoir vécu, même s'il ne m'en reste plus que des chagrins. » Heureuse, non pas d'avoir eu jadis une occasion de pleurer, mais d'avoir connu ce qui, une fois la peine maîtrisée, et toute réflexion faite, lui paraissait maintenant l'image du bonheur.

Et le souvenir des épreuves, qu'en pouvons-nous faire ? « Rien ne nous rend si grands qu'une grande douleur. » Grand, non pas heureux, bien sûr. Mais Alfred de Musset, en écrivant *Les Nuits*, ne prenait-il pas une délectation morose à s'enrichir de ses peines ? « Et nul ne se connaît tant qu'il n'a pas souffert. » Se bien connaître c'est devenir plus capable d'apprécier ensuite la vie. En ce sens, la sublimation des tristesses passées peut créer l'aptitude au bonheur, d'autant plus que celui-ci prend consistance dans les contrastes et s'endort dans la monotonie.

Pour les romanciers, il n'est guère qu'un point final. L'homme heureux n'est pas intéressant. On dit aussi qu'il n'a pas d'histoire. Plus exactement, le bonheur vivant est celui qui se forge dans les difficultés, celui qui est en devenir. Pleinement réalisé, serein comme un ciel sans nuages, il n'a plus rien à nous apprendre. « Ils furent heureux et eurent beaucoup d'enfants. » Il n'y a plus après cela que la table des matières. On ferme le livre.

Ce n'est pas d'aujourd'hui que date cette disgrâce. Les romanciers n'en sont pas les initiateurs. Dans les mythes archaïques, déjà, le personnage central, le héros, était souvent accablé de malheurs. Prométhée en est l'exemple le plus frappant. Héraclès, lui aussi, ne sortit de ses épreuves que pour être humilié. Et dans *L'Iliade*, le plus pur des guerriers, Achille, eut à choisir entre le bonheur sans gloire et la grandeur fatale. Il opta pour les combats et la mort. S'il avait préféré l'autre terme de l'alternative, il n'eût point été chanté par le premier des grands poètes.

Oui, le bonheur reste un secret, car lorsqu'il est là, présent, on fait silence sur lui.

Puisque nous avons décidé d'en parler tout de

même ici, prenons à nouveau du recul. Voyons d'abord quelles recettes on peut donner pour le faire apparaître, et puis quelle place il occupe dans la vie des peuples. Mais avant d'aborder les problèmes de la technique et de la sociologie du bonheur, rappelons, en guise de prélude, comment Nietzsche se représentait la marche de l'humanité vers cet idéal convoité.

Or donc, Zarathoustra, déçu de voir le peu d'enthousiasme que suscitait sa description du *Surhomme*, essaya de secouer la torpeur du peuple en lui faisant le tableau d'un monde avili. « Je vais, se dit-il, leur parler de ce qu'il y a de plus méprisable : je veux dire le dernier homme. » Et il se mit à prédire le temps où nos descendants ne penseraient plus qu'à leur bien-être. Il s'exprima en ces termes : « *Nous avons inventé le bonheur*, disent les derniers hommes, et ils clignent de l'œil. Ils ont abandonné les contrées où il était dur de vivre, car on a besoin de chaleur... Un peu de poison de-ci de-là, pour se procurer des rêves agréables. Et beaucoup de poisons enfin, pour mourir agréablement. On travaille encore, car le travail est une distraction. Mais l'on veille à ce que la distraction ne débilite point. »

Au lieu d'éprouver du dégoût devant cette perspective, la foule interrompit le prophète par des cris de joie : « Donne-nous ce dernier homme, ô Zarathoustra... rends-nous semblables à ces derniers hommes. Nous te tiendrons quitte du Surhumain. » Et tout le peuple jubilait et claquait de la langue [1].

---

1. Frédéric Nietzsche, *Ainsi parlait Zarathoustra* (traduction H. Albert, Édit. Mercure de France, Paris. 1932), p. 17 à 19.

CHAPITRE VI

La technique du bien-être et l'idéal féminin

Les temps sont-ils proches où les hommes penseront avoir inventé le bonheur ? Du moins les techniques pour y parvenir se sont-elles considérablement développées depuis que Nietzsche exprimait son amertume. Elles sont de deux sortes, les unes se rapportant aux conditions extérieures d'une existence facile ; les autres aux régulations intérieures d'une vie intime euphorique.

Les premières impliquent une certaine identification entre le bonheur et le bien-être. Bien sûr, cette confusion n'est jamais totalement avouée ou admise par l'opinion publique. Nous l'avons déjà dit : le sens commun sait bien faire la distinction entre les circonstances favorables à un état d'âme et cet état lui-même. Il suffit de citer à nouveau le proverbe : « L'argent ne fait pas le bonheur. » Mais cette sagesse populaire est à peu près éclipsée par le prestige de tout ce que la société industrielle invente et fabrique pour rendre la vie quotidienne plus agréable. La recherche du confort se substitue à celle du bonheur. C'est tellement plus simple et surtout plus précis!

Vous achetez une automobile : vous pouvez estimer d'avance la somme de jouissances qu'elle vous procurera. Vous êtes assis chez vous, le soir, dans un bon fauteuil, un verre de whisky à la main, et vous regardez à la télévision un programme qui vous plaît. Le chauffage central crée une douce ambiance, pendant qu'il neige dehors. Voilà des agréments sur lesquels vous pouvez compter. Il n'y a plus qu'à vous persuader que c'est cela qui s'appelle être heureux, et voilà votre existence arrangée douillettement.

La publicité tentaculaire qui s'étale sur les murs, dans vos journaux et au cinéma vous encourage sournoisement à opérer cette simplification. Elle fait grand usage, sinon du mot « bonheur », du moins de ceux qui lui sont apparentés.

Cette jeune fille était malheureuse, incomprise. Mais un jour elle a eu l'idée d'essayer le nouveau dentifrice X... Alors, avec son haleine fraîche, elle a pu connaître tous les succès qui lui étaient refusés. Le beau jeune homme qui s'écartait d'elle naguère est venu lui faire la cour. Ils se marieront et seront heureux. Une autre a la chance d'employer le savon Z... Elle garde ainsi un teint de jeune fille qui lui permet à tout âge d'être comblée par l'existence.

Plus souvent, la suggestion émane d'une simple image. Voyez les visages heureux de cette famille installée dans la nouvelle voiture de cette grande marque. Et le sourire radieux de la ménagère devant sa machine à laver. Achetez cet électrophone, et vous aurez cette mine épanouie en écoutant vos airs préférés. Employez un rasoir électrique et vous aurez ce sourire béat. Bien sûr, vous êtes trop intelligent pour prendre à la lettre de telles fadaises. C'est vrai, je n'en doute pas. Mais ce qui vous atteint, ce qui vous « met en condition », c'est l'ensemble de toute cette publicité. Elle n'a pas le pouvoir de vous convaincre automatiquement que votre félicité dépend de cet ustensile ou de ce produit. Elle finit cependant par créer un état d'esprit, une sorte de réflexe conditionné ou d'association d'idées : les objets de confort sont poussés de force dans votre conception du bien-être et finalement celle de votre bonheur. Vous n'y prenez pas garde; aucune image ne vous contraint ; mais toutes celles qui défilent chaque jour sous vos yeux inattentifs laissent comme un résidu indéfinissable dont vous êtes imprégné.

On a parfois donné le nom de « société de consommation » aux formes de civilisation qui s'épanouissent en Occident, surtout en Amérique, et tendent à se répandre un peu partout dans le monde. Le progrès dans la production semble ici avoir pour condition l'inflation des besoins du public, c'est-à-dire de la masse des consommateurs. Il faut donc stimuler les désirs, créer ce que l'on appelle des « motivations » pour élargir le marché. Un des meilleurs moyens consiste à forger une sorte d'archétype du bonheur dans le bien-être matériel. Vue d'en haut, jugée dans son ensemble, la publicité est une immense orchestration de ce thème.

Il est d'ailleurs exploité aussi, sous des formes différentes mais voisines, par tous les moyens de diffusion massive (les *mass-media*, dans le jargon des sociologues américanisés), c'est-à-dire la presse à gros tirage (journaux et magazines), le cinéma, la radio, la télévision. Le but, ici, en dehors des séquences ou des pages franchement publicitaires, n'est évidemment pas de pousser à la consommation. Mais, plus ou moins consciemment la « culture de masse » répandue par ces organes invite à une conception du bonheur qui s'associe à celle du bien-être matériel, et, plus largement, à un style de vie qui privilégie les valeurs accessibles par des moyens techniques.

Récemment, un metteur en scène américain connu racontait, au cours d'une interview à Paris, pourquoi il avait renoncé à produire des émissions théâtrales pour la télévision de son pays. Il citait l'exemple d'un scénario qu'il avait dû modifier

parce que d'abord la pièce comportait un personnage
blanc qui était sauvé par un Noir. « Impossible,
lui dit-on d'accepter cela. Nous aurions des ennuis
avec certaines ligues. Non, n'évoquez pas la question
noire. » L'homme revient avec une histoire un peu
édulcorée mais à l'abri de ce reproche. « Il faut
changer la fin, lui dit le responsable de la chaîne
de télévision. Vous faites mourir un de vos héros qui
pourtant était honnête et sympathique. Le public
n'aimera pas cela. » Nouvelle modification de scénario, avec une conclusion à l'eau de rose. « C'est
presque bien maintenant, jugea-t-on. Mais il y a
encore ce personnage d'une mère qui n'est pas très
bonne pour ses enfants. Cela pourrait choquer.
Vous savez, il y a beaucoup de mères de familles
dans notre auditoire. En revanche, si vous voulez,
pour donner tout de même un peu de relief, faites
donc votre sale type un peu plus violent. »

Il faut rappeler qu'aux États-Unis la télévision
est aux mains d'entreprises privées qui tirent leurs
ressources de la publicité. Voici comment les choses
se passent en gros. Une firme industrielle, par
exemple celle qui fabrique le chewing-gum X... ou
les autos Y..., finance une émission hebdomadaire,
qui est bien entendu précédée, suivie ou même entre-
coupée de brèves annonces en faveur de la marque
en question. Cela coûte très cher. Mais si l'émission
a du succès, il y a des millions d'Américains qui la
regardent et par conséquent entendent vanter ce
produit. Les statistiques prouvent que le chiffre des
ventes augmente en proportion. Il faut donc que le
nombre des gens attirés devant leur petit écran soit
assez grand pour que la dépense publicitaire soit
rentable. Si la séquence leur déplaît, les téléspectateurs tournent le bouton de leur poste pour capter
l'émission d'une autre chaîne, et l'argent a été dé-
pensé en pure perte. Alors, que fait-on pour s'assurer

que l'on a la faveur du public ? On fait procéder à des sondages d'opinion, selon les meilleures méthodes sociologiques et statistiques. On arrive ainsi à connaître assez bien les goûts du « plus grand nombre », c'est-à-dire de la masse. On sait, par exemple, que 90 % des téléspectateurs interrogés (c'est-à-dire environ la même proportion du public américain) n'aiment pas les histoires qui se terminent mal. Fort bien. Ils aiment les *happy-ends* ; on leur en donne. On demande donc aux metteurs en scène de conclure toujours leurs émissions dans l'euphorie, le mariage, la récompense des bons, le châtiment des méchants, le triomphe de l'amour, la fortune, la vie brillante ; la réconciliation des frères ennemis. Grâce à cela, il y aura plusieurs centaines de paires d'yeux à regarder cette scène et par conséquent autant de paires d'oreilles à entendre la publicité associée. Soyons justes : on fait quelques exceptions de temps à autre, pour les chefs-d'œuvre connus ou pour des histoires qui, par tel autre aspect, sont spectaculaires. Il faut bien, une fois l'an, pour « faire sérieux », monter une pièce de Shakespeare, et l'on ne peut pas éviter de faire mourir Roméo et Juliette.

La conséquence de tout cela, c'est que le public a ce qu'il réclame, ou plus exactement ce que préfère la grande majorité. Pour le cinéma, la radio, les magazines, il en est de même que pour la télévision. Ainsi se crée cette échelle des valeurs de la diffusion à grand rendement. C'est tout simplement celle de la masse, du *profanum vulgus*. Facilité, médiocrité, banalité en sont les aspects principaux. Cela, les sociologues américains qui se sont penchés sur les problèmes des *mass-media* l'ont généralement bien vu, et ils l'ont dit avec courage.

Notre propos, ici, n'est absolument pas d'envisager les conséquences culturelles de cette espèce de cercle vicieux où le public et les organes de diffusion se renvoient une image de plus en plus affadie de leurs goûts. Mais ce qui nous importe, c'est que précisément, à la longue, journaux, films, émissions finissent par renforcer et par universaliser les thèmes, les croyances, les idéaux qui leur assurent le succès parce qu'ils sont ceux de la masse. Celle-ci, au début, pouvait n'être pas très homogène ni même très conséquente dans ses choix. Mais on n'a retenu que ses attitudes majoritaires, on a totalement éliminé les autres. Finalement le public, abreuvé par sa propre médiocrité soigneusement codifiée, finit par s'y enfoncer de plus en plus.

Sous forme d'archétypes, de héros, de mythes, les histoires, récits, reportages, interviews, scènes de variétés, comédies et romans dessinés, imprimés, photographiés à des milliers d'exemplaires pour un « grand public » qui s'en imprègne distraitement, façonnent dans sa pensée, son cœur, sa chair, tout son être, un idéal du bonheur qui n'est pas très différent de celui que Zarathoustra prêtait aux « derniers hommes ».

Essayons d'en dresser le bilan. Les personnages, d'abord, ce ne sont pas des êtres plus ou moins divins comme les héros des mythologies antiques. Ce sont des gens qui existent en chair et en os, que vous aurez peut-être la chance de voir un jour dans la rue, entourés de leurs admirateurs, de leurs *fans*. Ils vivent dans un monde qui n'est pas tout à fait le vôtre, qui est à part. Cependant, ils sont réels, et vous pouvez projeter sur eux vos rêves, vous identifier à eux. Qui sont-ils ? Essentiellement des hommes et des femmes dont l'unique fonction est de se donner en spectacle, de nourrir les chroniques. Il y en a de deux espèces ; les princes et les vedettes. Les premiers ont pour rôle de se marier, de divorcer ; d'avoir des peines de cœur, d'être déchirés entre l'amour et le devoir. Les seconds ont également cette mission, mais avec moins de solennité : pour eux le devoir est moins important ; l'inconstance est plus accentuée. Et, surtout, ils ajoutent à leur propre individualité les personnages qu'ils incarnent sur la scène ou à l'écran. Là, ils sont mêlés à la fiction. Mais on raconte aussi leur vie privée, et les deux mondes se mêlent.

Sont-ils à proprement parler des images vivantes du bonheur ? Ce n'est pas aussi simple. Ils sont beaux, riches, adulés, charmants. Les princes et les princesses, on les voit quand ils se marient, en grande pompe. Mais on en parle aussi quand ils souffrent dans leur chair et dans leur âme. Les stars, on les montre triomphantes, merveilleusement vêtues ou dévêtues. Pourtant, on fait grand bruit autour de leurs divorces ou de leurs suicides. C'est que les grands de ce monde ne feraient pas frémir les foules s'ils étaient tout bêtement heureux. Ils ne sont pas des incarnations du bonheur, mais plus exactement de son problème. Ils sont là pour affirmer d'abord que l'essentiel, dans la vie, c'est la recherche des satisfactions terrestres, et qu'il faut tout sacrifier à cela. Ils proclament que le droit au bonheur est inscrit dans la charte de l'humanité nouvelle et que, pour s'y consacrer vraiment, il faut avoir la beauté, le confort, le luxe, bref, toutes les choses qui, plus ou moins, peuvent être fournies par la technique, pourvu qu'on ait les moyens de les acheter, c'est-à-dire, d'abord la fortune. Comment se lancent-ils dans la poursuite de la félicité ? En vivant intensément, c'est-à-dire en utilisant au maximum toutes les facultés de jouissance de la nature humaine, et aussi toutes les occasions de plaisir de la civilisation moderne. Mais pour qu'il y ait matière à émissions, articles, interviews, indiscrétions sensationnelles, il faut qu'il y ait des obstacles et des échecs. Les princes se heurtent au devoir, au protocole. Les princesses en ont vite le cœur brisé. Les stars succombent sous le poids de la publicité, souffrent d'avoir perdu leur vie privée et sombrent dans la dépression, le *nervous breakdown* qui est une consécration de la gloire. Parce qu'ils sont malgré tout vulnérables, les héros de la culture de masse restent proches du commun des mortels, et ils peuvent être l'objet de ces processus d'identification et de projection, grâce auxquels, selon la sociologie psychanalytique, nous réalisons en quelque sorte par procuration nos tendances et chargeons autrui de représenter une partie de notre être que nous ne sommes pas capables d'assumer nous-mêmes.

Donc, princes et vedettes dont les photos en couleurs illustrent les magazines ne donnent pas la solution de l'énigme, mais la situent sur un plan déterminé et tracent les contours d'un idéal qu'eux-mêmes sont impuissants à réaliser pleinement. Le mythe du bonheur est, par leur médiation, laïcisé, actualisé, technicisé, réduit aux dimensions de la réussite spectaculaire.

Plusieurs travaux ont été déjà consacrés à l'analyse des idéaux plus ou moins implicites dans la civilisation de masse[1]. Si l'on veut faire une description systématique des éléments mythiques élaborés dans ce contexte autour de la notion de bonheur, on s'aperçoit qu'ils peuvent se réduire à un certain nombre de thèmes ayant entre eux quelque parenté, mais formant un ensemble d'où ne sont pas exclues d'apparentes contradictions.

Il en est qui sont plutôt d'ordre négatif et tendent

---

[1]. En particulier, Henri Lefebvre, *Introduction à la modernité* (Édit. de minuit, 1962) ; Edgar Morin, *L'Esprit du temps* (Édit. Grasset, 1962) ; Edwar Shils, « Considération théorique sur la notion de société de masse » (in *Diogène*, Unesco, n° 39, juillet-septembre 1962).

à éliminer ou simplement à voiler des causes possibles de malheur. En premier lieu, ce qu'il faut éliminer de l'horizon, ce sont les images les plus opaques, c'est-à-dire les maux physiques : la douleur, la maladie et, suprême disgrâce, la mort. Dans les romans et les films euphoriques, l'important c'est que les personnages sympathiques, ceux qui permettent les projections et les identifications, ne soient victimes d'aucun de ces coups du sort à la fin de l'histoire. Tout le monde sait bien que ce sont des fléaux inévitables. L'important, ou du moins ce qu'on peut espérer de mieux, c'est de n'y point trop penser. L'idéal du bonheur dans la culture de masse doit être à la hauteur de ses moyens. La maladie, on en parle mais pour dire quels sont les remèdes qui permettent de l'éloigner. Les progrès de la science médicale sont largement vulgarisés, car cela est rassurant. Et il faut donner la vague impression que dans ce domaine les progrès sont indéfinis, de sorte que l'espoir ne serait pas tout à fait vain de voir la maladie, sinon la mort, éloignée définitivement de nos préoccupations les plus constantes. En attendant, évitons de penser à ces choses pénibles et demandons à nos moyens de divertissement collectifs, par le son et l'image, de nous les remémorer le moins possible, sinon pour en faire le lot des personnages antipathiques avec lesquels nous ne nous identifions pas, ou encore pour signaler toutes les victoires que la technique remporte sur ce front. Quant à la douleur proprement dite, comme il est consolant de savoir l'existence de toutes sortes de moyens d'anesthésie depuis ceux de la grande chirurgie jusqu'aux simples cachets calmants qu'on prend pour oublier le moindre bobo, en passant par l'accouchement sans douleur!

Si l'on ne peut faire beaucoup mieux, en ce qui concerne les défaillances de notre organisme, que de fermer les yeux sur elles et d'en détourner l'attention pendant qu'on a la santé, par contre il y a des causes de malheur moins tangibles et surtout moins fatales dont la civilisation technicienne s'occupe réellement de nous affranchir. Contre le dénuement, l'effort, l'ennui, rien, *a priori*, n'empêche de croire que le triomphe sera total un jour. En attendant, il est possible de faire mieux, déjà, que de jeter un voile sur ces disgrâces de l'humaine condition.

« Tu gagneras ton pain à la sueur de ton front. » Cette malédiction liée à la faute originelle dans la tradition biblique et dans de nombreux mythes archaïques, voici qu'elle cesse de paraître irrémédiable dans l'ère des robots et de l'automation. La machine travaille pour nous ; la nature, domptée, devient notre esclave. Il y a toujours, en haut de l'échelle sociale, des privilégiés que leur naissance met à l'abri du sort commun. Mais aujourd'hui, les princes, qui semblent n'avoir d'autre occupation que de se marier en grande pompe et de jouer à cache-cache avec les journalistes acharnés à ébruiter leurs intrigues sentimentales, ces princes ne sont plus sans commune mesure avec la masse ; ils sont entrés dans le domaine public des rêves accessibles. Les vedettes ont acquis un statut légal. Avec un peu de chance, la petite dactylo peut espérer devenir une star, pourvu seulement qu'un producteur la remarque ; et le garçon coiffeur, s'il a un brin de voix, montera sur les planches et sera une des gloires de la chanson. Il est vrai que cette ascension exige du travail. Pour tourner un film ou mettre au point un tour de chant, il faut se donner de la peine. Mais est-ce qu'on pense à cela quand on évoque la vie des idoles ? On ne les imagine, de l'extérieur, que dans leurs belles villas, dans leurs immenses voitures et dans les réceptions où tout ce monde côtoie celui des princes. La vie facile est ouverte à toutes les illusions des midinettes. On peut participer à cette existence, s'identifier à ces personnages. On sait très bien qu'au fond on n'a qu'une chance sur quelques centaines de mille d'accéder à un tel bonheur. Du moins, ne se sent-on pas totalement retranché de lui.

C'est par le loisir que la masse s'arrache à la damnation du travail pour la vie et de la vie pour le travail. C'est par lui qu'elle s'ouvre à l'univers du cinéma, de la radio, de la télévision, des magazines. Au fur et à mesure que progresse la civilisation technicienne, la durée des loisirs augmente, celle du travail diminue. Mais en même temps, ce labeur devient plus ingrat et, en s'émiettant, comme le dit le sociologue Georges Friedmann[1], en se mécanisant, il tend à sortir du cadre de la vie intime. L'homme de l'industrie n'a plus, comme l'artisan, l'impression de réaliser son être dans sa tâche. Qualitativement et quantitativement, la part du travail dans l'existence individuelle idéale s'amenuise. Le seul moyen de lui restituer une valeur, c'est de l'inscrire dans une perspective plus large, non plus celle de la personne isolée, mais celle de la société qui, en progressant dans la voie de l'automation, conquiert de nouveaux droits aux loisirs. Travailler pour produire des machines qui permettront de moins travailler et d'avoir la vie plus facile, voilà ce qui, maintenant, justifie l'effort.

Les conquêtes, de ce point de vue, sont déjà importantes dans la plupart des pays modernes[2]. Généralisation des congés payés, réduction de la journée de travail semblent d'ailleurs n'être que des étapes vers la civilisation des « derniers hommes ». Quant à la vie quotidienne chez soi, elle tend à deve-

1. Georges Friedmann, *Le Travail en miettes* (Édit. Gallimard).
2. Cf. J. Dumazedier, *Vers une civilisation du loisir ?* (Édit. du Seuil, 1962).

nir de plus en plus exempte d'effort, non seulement parce que les travaux ménagers sont confiés à des machines, mais aussi par la mécanisation des loisirs eux-mêmes. L'idéal, dans le confort, c'est d'arriver même à se distraire sans se fatiguer. Grâce à la télévision, par exemple, vous pouvez, sans vous déranger, suivre un spectacle et même vous instruire un peu sans la moindre peine.

Car, bien sûr, lorsque le temps laissé vacant par les occupations laborieuses diminue, il faut lutter contre l'ennui. L'automobile vous permet de changer d'horizon pendant vos vacances, de vous dépayser dans les villégiatures où tout est organisé pour votre divertissement. Et puis, vous rentrez chez vous, au bout d'un mois ou davantage, pour reprendre vos occupations habituelles avant d'avoir eu le temps de trouver fastidieux cet entracte. Là, vous travaillez un peu, juste ce qu'il faut pour vous distraire de vos loisirs, et il vous reste encore, chaque jour et chaque semaine, assez d'heures pour vous livrer aux machines à son et à images. Voilà le bonheur qui bientôt, sera distribué à tous, si la civilisation industrielle tient ses promesses.

Voiler la douleur physique, réduire au maximum l'effort et l'ennui, cela, pourtant ne suffit pas. Encore faut-il qu'on ne sente pas trop le temps et ses outrages. L'homme heureux, dans le mythe de la culture de masse, est toujours jeune, et la femme reste belle. C'est une jeunesse sans âge qui combine les attraits de l'enfance et de la maturité. Les techniques esthétiques ont prolongé jusqu'aux extrêmes limites l'aptitude à plaire. En même temps, l'époque moderne met en honneur les valeurs juvéniles. On rajeunit les cadres. Dans la vie politique, à la tête des industries, on voit des hommes à peine dans la force de l'âge prendre des places que l'on réservait autrefois à ceux qui avaient l'expérience et la sagesse des vieillards. La mode est aux adolescents, qui se moquent des « croulants » et des « amortis ». D'autre part, on s'accroche à ces mêmes valeurs jusqu'à un âge avancé. Le séducteur aux tempes argentées éclipse souvent le jeune premier dans le panthéon cinématographique, et l'âge de la vieillesse, pour les hommes comme pour les femmes, recule dans tous les domaines. Bref, le bonheur est fait pour les jeunes ; mais on ne sait plus jusqu'où peut aller la jeunesse. C'est un renouvellement qui piétine longuement.

L'idéal moderne n'est pas fait seulement de négations ; il ne se borne pas à exorciser les mauvaises fées de la maladie, de l'effort, de l'ennui, du vieillissement. Il comporte aussi des thèmes positifs. Déjà, celui de la jeunesse peut paraître tel, bien qu'en fait il se borne plutôt à éliminer les anciens prestiges des sociétés gérontocratiques. Quand elle veut s'affirmer vraiment, la culture de masse est beaucoup plus hésitante. Cela se remarque nettement en ce qui concerne l'une des conditions de la félicité dont elle affirme le plus vigoureusement la nécessité : l'amour. De nombreux sociologues américains l'ont dit : l'obsession de l'amour dans la civilisation moderne aboutit à un idéal fort différent de celui qu'on pouvait trouver répandu dans la littérature et même dans l'opinion publique courante des siècles précédents. Le nouvel Éros semble avoir surmonté tous ses problèmes. Il ne s'embarrasse plus, comme l'amour courtois, de la condamnation ou de la damnation du plaisir charnel. Il ne prend plus à son compte l'opposition romantique entre la passion et le mariage. Il glisse sur toutes les contradictions que Denys de Rougemont a si vigoureusement relevées dans l'histoire de la littérature amoureuse en Occident. Il est même sorti de l'ornière où l'avait enlisé, à la « Belle Époque », l'insouciance vaudevillesque dont l'adultère faisait à la fois l'intérêt et le capital. Le couple qui triomphe à l'écran, grand ou petit, et dans les magazines, connaît la passion physique et s'enferme dans le mariage pour être heureux. Cela ne durera pas ? Sans doute, mais l'important, c'est que la sexualité, voire même l'érotisme, ne prenne plus le mariage comme repoussoir, et que le droit à l'amour soit compris dans le droit au bonheur, au lieu de le narguer.

Tous les bons observateurs ont noté la nuance féminine de cette nouvelle orientation. Elle est, dans l'ensemble, évidente ; mais elle demande à être précisée, car elle est fort complexe.

Dans l'histoire générale des civilisations, on observe presque toujours une domination des vertus viriles dans les périodes de combat, de conquête, de révolution et d'instauration des États. Puis, quand la situation est stabilisée, ou bien quand déjà commence le déclin, les valeurs et les idéaux féminins l'emportent. Ainsi, dès le début de la décadence romaine, quelques moralisateurs moroses, tout en pleurant sur la disparition des autres qualités d'antan, se plaignaient de l'influence croissante des femmes dans la société. Après les bouleversements qui marquèrent la fin de l'Antiquité, après les secousses des invasions barbares, le monde un peu rustre et martial qui façonna, dans les débuts du Moyen Age, la civilisation moderne en Occident ne tarda pas, lui aussi, à éprouver le besoin de se détendre, dans la stabilité féodale. Et ce fut l'un des moments de l'histoire où l'influence féminisante d'une certaine forme d'amour se fit sentir avec le plus d'éclat. Troubadours et trouvères, en chantant les louanges d'une dame inaccessible, eurent finalement plus de place dans la formation de la culture médiévale que les soudards en armures. Pourquoi ? Parce que, grâce à eux, s'exprimait à nouveau la recherche d'un bonheur que toutes les femmes avaient envie de pouvoir au moins rêver. Quant aux hommes, ils découvraient auprès de leurs compagnes les plaisirs de l'esprit et la délicatesse des manières. Pour leur plaire, ils firent pénétrer le jeu dans le combat, l'amour dans la chevalerie. Mais ces guerriers, capables de tout quitter pour reprendre aux infidèles la Terre sainte, ne pouvaient oublier les anathèmes de leur religion contre les tentations de la chair. Pour se hausser au niveau d'un idéal civilisateur, l'amour courtois dut se sublimer à l'extrême, se spiritualiser. La femme régna sur les mœurs chevaleresques non point comme objet de possession, mais comme idole à qui l'on voue ses plus nobles pensées et ses actes les plus beaux.

De nos jours, la revanche féminine s'exerce dans le sens opposé. Car il y a, pour les filles d'Ève, deux moyens de s'imposer et de renverser à leur profit les lois de la nature. Celles-ci, manifestement, jouent en faveur des mâles. Par définition, comme l'a excellemment montré Simone de Beauvoir, la féminité c'est l'inessentiel. Tout au plus peut-elle se targuer d'être le complément de la masculinité qui, de toute façon, est posée en premier. Le genre humain se conçoit par rapport à l'homme. La femme est simplement « l'autre » en face de lui. Il faut suivre les analyses de Simone de Beauvoir pour comprendre comment, à travers les âges, et malgré d'apparentes revanches, cette inégalité s'est toujours manifestée. Oui, c'est vrai, jamais encore elle n'a été totalement abolie. L'amour courtois est passé dans les mœurs sous la forme ludique. Il n'a certainement jamais aboli complètement, dans les choses sérieuses, la suprématie du seigneur et maître sur sa douce compagne. Cependant, tout en restant inessentielle au fond, la féminité peut compenser cette infériorité congénitale de deux manières différentes, dont l'une est très bien illustrée dans l'amour courtois, tandis que la seconde se manifeste avec éclat dans la culture de masse moderne. Et à ces deux sortes de revanche correspondent des modèles fort différents de bonheur.

Il faut voir, pour les bien comprendre, à quel type de rapport entre les sexes elles s'opposent l'une et l'autre. Ce qu'elles rectifient ou abolissent, c'est l'état de nature, non pas seulement la supériorité masculine et le caractère inessentiel de la femme, dont on vient de parler, mais aussi l'amour fait pour le plaisir de l'homme. Car l'ordre naturel, ici, a manqué de galanterie. Mettez en présence un homme et une femme non prévenus et non éduqués ; laissez « parler » la nature. L'instinct les mettra sans doute dans les bras l'un de l'autre, et, comme dit la Bible, « ils se connaîtront ». Mais Monsieur s'y prendra de telle façon que Madame ne retirera de l'expérience qu'un peu de désenchantement. Lui, il sera tout content et fier de lui. Bref, si on laisse faire le corps et l'impulsion innée, si rien de culturel ne vient arranger les choses, l'acte sexuel dans le genre humain est un plaisir purement masculin, dans la majorité des cas. Et cela, beaucoup de civilisations l'ont accepté, institutionnalisé. Ainsi, certains peuples font exciser les filles au moment de l'initiation et des rites de puberté, afin d'avoir des épouses purement passives et qui ne risquent point de partager leur plaisir. Chez nous, la tradition qui fait de la femme le « repos du guerrier » est encore vivace. Que peut-elle espérer, pour devenir autre chose qu'un objet, et même un sujet de consommation ou de propriété ? La morale classique approfondie par le christianisme lui donne le noble rôle d'être épouse et mère de famille. Mais, dans cette fonction subalterne, c'est peut-être de son salut qu'il s'agit, non point de son bonheur individuel. Ou, plus exactement, l'idéal du bonheur dans la famille patriarcale est défini selon des normes qui sont extérieures à la féminité. Ce qui s'impose alors, c'est l'ensemble du couple et des enfants, considéré comme un tout et dominé par l'autorité du mari.

Quand la femme cherche son bonheur à elle, alors elle devient amante, maîtresse. Mais elle ne le peut être, en dehors de la famille, qu'en s'exposant à la réprobation morale, en s'excluant de la société. Comment arrivera-t-elle à garder l'amour sans être objet, sans être assujettie et sans pourtant perdre la sécurité du cadre familial? Il faut ou bien qu'elle parvienne à prolonger l'amour au-delà d'un acte sexuel où elle n'est que moyen, ou bien qu'elle devienne sujet et non plus seulement objet de cet acte. Voilà les deux issues où peut s'affirmer un idéal purement féminin : dépasser et sublimer le don charnel, ou imposer sa loi jusque dans la sexualité. La première solution était celle de l'amour courtois et, bien entendu, elle n'allait pas sans une certaine hypocrisie. A la fois tricheuse et dupée, la dame du troubadour régnait en faisant naître des désirs qu'elle prétendait détourner et, probablement, finissait par succomber à celui qui savait assez bien mentir.

Aujourd'hui, toutes armes dehors, la femme combat pour son bonheur à elle, qui est d'aimer et d'être aimée, charnellement, maritalement, pour son plaisir. Voyez les stars de cinéma. On croirait qu'elles sont en train d'inventer l'érotisme. Non, ce n'est pas exactement cela. Elles en font quelque chose de nouveau, où la femme se propose de devenir l'essentiel. Est-ce à dire qu'elles cessent totalement d'être des objets de plaisir? Ce n'est pas cela non plus. Mais elles se montrent plutôt comme objets de convoitise que de possession. L'homme, s'il veut goûter les joies de l'amour avec ces poupées du sex-appeal, doit savoir leur plaire et tenir compte de leur plaisir. Mieux : de leur bonheur. Voilà l'élément original de la nouvelle vague de féminisation.

La littérature, principalement celle des romancières, qui se taillent une place de choix, en apporte le témoignage sans pudeur. Dans un remarquable article consacré à quelques échantillons de ce genre, et dont le titre est significatif[1], Jeanne Galzy tire crûment la leçon d'un changement d'attitude qu'il est impossible de ne pas voir. Les écrivains, eux, n'ont pas été prompts à enregistrer cette révolution, mais leurs consœurs ont déjà saisi le thème nouveau. « On a eu la littérature du mâle abusif, à présent on aura celle de la femme abusive. Les rôles sont renversés. L'homme n'impose plus rien. Il exécute. Le voici, le pauvre, forcé de n'avoir ni défaillance ni retranchement. Pas même le temps d'une maladie. Pas même celui d'une agonie. S'il ne sert plus, on le remplace... Après la femme-servante, voici l'homme domestique et savamment domestiqué. »

C'est l'Amérique, tout le monde le sait, qui fut l'initiatrice de cet étonnant bouleversement, comme elle est aussi à la tête dans la recherche du confort et dans l'expansion des moyens de diffusion massive : cinéma, télévision, magazines. L'Europe suit avec quelque retard. « Les femmes américaines, a dit un humoriste anglais, exigent de leurs maris la perfection que les femmes anglaises s'attendent à trouver seulement chez leurs maîtres d'hôtel. » Il est possible que des circonstances démographiques particulières aient favorisé aux États-Unis la remarquable emprise du beau sexe dans la société. Les pionniers du Far West avaient peu de femmes avec eux. La loi de l'offre et de la demande, renforcée par une certaine aptitude au chantage, a donc pu jouer au profit des filles d'Ève. Et maintenant, les statistiques montrent que les maris vivent en moyenne moins longtemps que leurs épouses, de sorte que les riches

---

1. Jeanne Galzy, *L'homme-objet* (in *Les Nouvelles Littéraires*, 16 août 1962).

veuves ont entre leurs mains une bonne partie du capital national : le nerf de la guerre. Elles ont aussi la possibilité de divorcer souvent et les époux délaissés leur versent de copieuses pensions alimentaires, ce qui contribue encore à appauvrir relativement les lions superbes et généreux.

Mais cela n'explique pas tout. La culture de masse, qui donne la prime au spectaculaire, a fait le reste. Là, vraiment, la femme est reine. On comprend que le culte des stars soit célébré avec autant de zèle par les midinettes que par les hommes, et l'on aurait tort de soupçonner dans ce comportement quelque tendance homosexuelle cachée. Ces vedettes aux cheveux platinés, aux lèvres offertes, aux formes tentatrices, ce sont les porte-drapeau de toute la gent féminine. Elles en soutiennent les espérances et méritent bien sa reconnaissance.

Le mâle est soumis à une sorte de cure obsessionnelle, il est intoxiqué par les images les plus suggestives. Les cover-girls lui sourient dans chaque journal. Dans la rue, sur les murs, des jambes indiscutables accrochent son regard, sous prétexte de vanter les mérites d'une marque de bas, ou bien des seins insolents se donnent pour alibi la publicité d'un soutien-gorge. Même s'il évite les cabarets et leur strip-tease insistant, il verra bien, au cinéma, comment sont distillées les beautés mal cachées des vedettes les plus capiteuses. L'érotisme est partout, et toujours pour diviniser la femme et faire d'elle l'essentiel. Ce n'est pas seulement à l'amour qu'on provoque l'homme, mais à l'amour tel que le veut et le choisit la femme.

Qu'est-ce à dire ? D'abord, elle en attend du plaisir. Il n'est plus nécessaire, pour être reconnue comme autre chose qu'un objet ou un instrument, qu'elle se réfugie loin de la sexualité dans l'amour courtois et un peu mystique de ses aïeules médiévales. Bien au contraire, c'est dans l'étreinte qu'elle commence à organiser son bonheur.

Il n'est pas douteux que le cinéma et la télévision ont exercé, dans notre civilisation, une influence considérable sur l'évolution de la technique amoureuse. Nous avons peu de documents sur ce sujet. Le célèbre rapport Kinsey n'a pas envisagé directement la question sous l'aspect des changements dans les valeurs selon les civilisations et les époques, et s'est moins encore préoccupé de rechercher les causes sociologiques des habitudes sexuelles. Nous savons cependant, grâce à une enquête, que les jeunes gens, dans leur majorité, embrassent les jeunes filles en prenant pour modèles les « baisers du cinéma ». Comme sur l'écran on ne nous montre de l'amour charnel que les « hors-d'œuvre », il ne serait pas surprenant que ceux-ci aient pris une plus grande importance dans le comportement amoureux des nouvelles générations. En tout cas, ceux qui regardent les films ne peuvent guère ignorer la manière de prendre une fille dans ses bras et de rendre hommage à son corps jusqu'à — exclusivement — la possession proprement dite. Plus exactement, le corps féminin leur est présenté non pas comme instrument du coït, mais comme réclamant pour lui-même les baisers et les caresses. Selon les modèles du cinéma, de la télévision et des magazines, ce qui commande, sur le plan de la sexualité, ce n'est plus uniquement, ce n'est plus surtout le désir du mâle, son exigence instinctive, mais c'est plutôt la volonté féminine d'être aimée, cet appel impérieux qui émane de tous ces appâts complaisamment exposés. Ainsi, à ce niveau purement physique, la culture de masse répand subrepticement de nouvelles normes. Il serait sans doute bien excessif de dire que la civilisation phallique traditionnelle est éliminée, et que nous sommes à l'aube d'une civilisation clitoridienne.

Bonheur et civilisation

Ce qui est vrai, c'est que notre univers sensuel devient de plus en plus bipolaire, et surtout que l'indéniable érotisation de notre société, en élargissant la relance voluptueuse au-delà de l'acte principal toujours frappé de tabou, donne d'avance la victoire au corps de la femme, plus riche en zones érogènes que celui de l'homme.

Certains sociologues semblent croire que la société de masse, en se féminisant, produit une régression de la virilité. Cela n'est pas exact. Le héros cinématographique n'est pas efféminé. Il l'est même beaucoup moins que ne l'était le « jeune premier » classique tout de suite après la Belle Époque. Il est prêt à frapper, à faire le coup de feu pour celle qu'il aime. C'est un « dur ». Mais, précisément, il faut voir dans cette valorisation du vrai mâle une autre preuve du triomphe de la femme. C'est elle qui impose ses préférences. Elle veut un homme fort pour son plaisir et non une femmelette. L'important, c'est qu'il mette cette virilité un peu agressive à son service. Une civilisation dominée par les hommes ne produit pas des héros de ce genre. Les Spartiates, jaloux des prérogatives masculines, étaient portés à la pédérastie. Au contraire, la sexualité bipolaire, qui est faite pour plaire aux filles d'Ève, enferme les hommes dans leur virilité, leur interdit tout empiétement, discrédite les candidats au charme équivoque. L'homosexualité se répand de façon marginale, favorisée par la difficulté extrême d'être vraiment homme; mais elle reste condamnée. Il y a peut-être beaucoup de Corydons parmi les vedettes; ce ne sont pas eux, en tant que tels, qui incarnent l'idéal de la culture de masse. Ils représentent le reflux de cette vague, ou son écume. La femme d'aujourd'hui a le complexe d'Omphale. Ce n'est pas un pâle éphèbe délicat qu'il lui faut à ses pieds, mais un Hercule. La différence qu'il y a entre notre idéal et celui du mythe antique, c'est que les Grecs faisaient de cette fable l'histoire d'une déchéance, tandis qu'aujourd'hui le « dur » n'est vraiment sanctifié que s'il fait le bonheur d'une femme.

Et c'est là que nous voyons le mieux le sens exact de la féminisation du bonheur. Son œuvre maîtresse est d'avoir intégré l'amour dans les préoccupations les plus fondamentales de la société. Bien sûr, autrefois, comme on le disait, les hommes ne pensaient « qu'à ça ». Oui, mais « ça », c'était la gaudriole, la fariboles. On s'en occupait avec des « créatures », qui, au cours des siècles, eurent successivement les étiquettes d'hétaïres, de filles, de grisettes, de femmes légères. Et puis le jeune homme se mariait ; alors on passait aux choses sérieuses. Si Monsieur continuait à « penser à ça », il faisait du refoulement, ou bien il allait gambader clandestinement, puis rentrait chez lui très digne. L'important, dans la vie, ce n'était pas « ça », même si l'on y consacrait une bonne partie de son temps. Ce qui comptait vraiment, c'étaient les affaires, le standing, la famille. L'amour était hors programme, rangé dans les matières facultatives, comme les arts d'agrément. Et si on lui accordait un grand A, c'était dans les romans et les poésies, ou à la rigueur dans la période transitoire de la jeunesse dont on sait qu'il faut qu'elle se passe. Dans la réalité, les choses pouvaient aller tout autrement, et l'amour jouait un plus grand rôle que celui qu'on lui reconnaissait officiellement. Mais ce qui nous occupe ici, c'est précisément l'idéal proclamé. Au fond, c'est cela qui marque une civilisation, au moins autant que son comportement effectif. Où trouve-t-elle le bonheur ? C'est une question mal posée, car il faudrait d'abord savoir si elle ose être vraiment heureuse. Où a-t-elle décidé de chercher son bonheur ? Voilà le vrai problème, car l'homme moyen ne sera heureux que s'il peut se reconnaître tel, s'il se conforme aux modèles sociaux. Ou bien alors, vous parlez des individus exceptionnels, de ceux qui se font leur idéal à eux. Mais vous ne parlez plus d'une civilisation en général. Il est fort possible d'ailleurs que le bonheur hors série mérite autant d'attention que le bonheur sur mesure. Nous verrons cela plus loin. Pour le moment, il s'agit de la société de masse. Alors, parlons simplement des archétypes que celle-ci diffuse et tend à imposer, tout en reconnaissant évidemment qu'ils ne concernent pas tout le monde. Pourtant, ne vous faites pas trop d'illusion. Quoi que vous en pensiez, cette civilisation du cinéma, de la télévision, du magazine et de la publicité vous marque profondément. Si vous forgez votre personnalité en réaction contre elle, cette opposition même prouve son influence.

Mais revenons à l'intégration de l'amour dans l'idéal du bonheur. C'est l'un des accomplissements les plus visibles de la prédominance féminine dans la culture de masse. Il s'agit de l'amour reconnu comme un devoir et un droit, un des piliers de la sagesse, une des plus nobles conquêtes de l'humanité (battant de plusieurs encolures le cheval). Ce n'est plus le simple péché de jeunesse ou l'hygiène hebdomadaire. C'est, on l'a vu, le plaisir de la femme autant que celui de l'homme. Et puis, surtout, c'est autre chose que le simple plaisir. Celui-ci n'est qu'un point de départ, un indispensable premier échelon dans la conquête du bonheur féminin. Il faut aussi qu'on reconnaisse la personnalité de cet être fragile et faible qui règne sur le marché des valeurs nouvelles. Il faut qu'on s'ingénie à comprendre son âme après avoir compris son sexe.

En fait, la réhabilitation de l'amour dans la vie non romanesque, c'est aussi celle de la femme. C'est par ce biais qu'elle peut s'imposer en tant que femme dans le monde de l'essentiel. Il est vrai qu'en même temps elle essaie, avec succès, de pénétrer dans l'autre domaine, celui qui avait toujours fait partie des affaires sérieuses. En devenant médecin, avocat, ingénieur, secrétaire, elle renverse des barrières qui la maintenaient à distance respectueuse de la vie masculine. Mais, ce faisant, elle ne réalise aucune promotion de la féminité : car en prenant des places réservées jusqu'alors aux hommes, elle n'agit pas en tant que femme, mais comme être compétent et asexué.

En faisant donner droit de cité à l'amour, le beau sexe, au contraire, triomphe vraiment dans le domaine de sa spécialité. Il fait reconnaître son statut propre. Ce qu'il affirme ainsi, c'est que l'homme ne se réalise que dans le couple, que le vrai bonheur est celui qu'on goûte à deux.

Il faut donc bien comprendre que la victoire, ici, n'a pas été à proprement parler de remplacer les valeurs masculines par les idéaux féminins, mais plus exactement de les fondre en un tout, et, comme sur le plan physique, de détruire un monopole pour introduire la bipolarité. La femme sait bien qu'elle ne peut pas être essentielle toute seule, et sur ce point Simone de Beauvoir a tout à fait raison. Mais à partir du moment où l'amour devient, lui, l'essentiel, l'univers humain cesse d'être purement masculin.

Bien sûr, le couple, ce n'est pas plus la femme que l'homme. Mais c'est le rêve éternel de la femme qu'il réalise. Car elle seule a le temps et la vocation de s'y consacrer. Le mâle est plus naturellement porté à l'égoïsme. Ou, si l'on préfère, l'égoïsme de l'épouse et de la mère, celui de l'amante aussi, ne se conçoit pas isolé.

Voilà en quel sens on peut dire que le bonheur,

dans la culture de masse, est féminisé [1] en même temps qu'il tente de concilier toutes les aspirations de l'amour, depuis l'érotisme jusqu'à la vie familiale. La dissociation entre le plaisir physique et la perspective conjugale, entre le romanesque et le pratique convenait à la souveraineté masculine et cantonnait la femme dans des univers fragmentaires dont aucun ne pouvait l'accueillir en partenaire à part entière. L'amour total, l'amour-roi, c'est la pierre angulaire du bonheur féminin. Et, du moment que le couple devient l'essentiel, c'est l'idéal du bonheur féminin qui constitue la règle de vie, avec toutes les valorisations particulières que cela implique. L'amour était le cheval de Troie pour pénétrer dans la place forte de l'égoïsme masculin. De ses flancs sortent tous les accessoires d'une euphorie conjugale. Les vertus mâles deviennent subordonnées, elles sont des moyens pour protéger un bonheur qui est fait d'autres choses. Que l'homme lutte et travaille, ce n'est pas la fin en soi, mais seulement la condition de l'acquisition et du maintien de ce que la femme désire pardessus tout, après l'amour : le calme, la sécurité, le foyer prospère, et, en dernière analyse, comme signes et conséquences de tout cela : le confort et le divertissement.

Ainsi, nous bouclons la boucle, et nous comprenons qu'en diffusant les valeurs féminines la société de consommation, à base de technique et de publicité, se justifie elle-même.

Le bonheur dans le confort c'est la maison aux mille robots, l'auto pour le week-end, la télévision. C'est aussi l'homme moins accablé de travail grâce

1. Montherlant a écrit sur ce sujet de très belles pages, montrant que, dans notre civilisation (et dans toutes, peut-être) la conception même du bonheur est purement féminine, les hommes n'ayant aucune notion positive du bonheur, à moins qu'ils ne le confondent avec la vanité (H. de Montherlant, *Les Jeunes Filles*, Édit. Grasset, 1936, p. 16 sq).

à l'automation et plus occupé à assumer son rôle dans le couple et la famille.

Le bonheur dans le divertissement, c'est le monde devenu spectacle, c'est l'identification aux héros et héroïnes de la culture de masse, grâce aux écrans et aux journaux.

Oui, le cercle est fermé. Mais est-ce qu'il tourne rond ? Ce serait trop beau, ou trop triste. L'idéal des magazines est, en un sens, trop médiocre, trop à ras de terre. Où est la place pour l'initiative et l'originalité ? Dans l'accroissement même de la production des moyens de confort et de divertissement ? Dans la course au bien-être ? Mais cela suppose l'esprit de conquête, le sacrifice, c'est-à-dire autre chose que la consommation.

Il est vrai que les mythes de la culture de masse comportent aussi leur part d'aventure. Peut-on se borner à y participer par la projection et l'identification, c'est-à-dire comme simple spectateur ? Comment la midinette ne sentirait-elle pas la distance entre sa condition et celle des stars et des princesses ?

Quant à l'amour, comment ne serait-il pas écartelé entre la passion et la quiétude matrimoniale ? Les vieux problèmes n'ont été que masqués par la synthèse hâtive entre la vamp et la mère de famille. Comme dans les mises en scène du grand Hollywood, tout est truqué. Finalement, répétons-le, les grandes vedettes passent leur temps à divorcer, et tout cela finit mal, parfois dans le suicide. La « masse », qui se nourrit de tous ces mythes, même si elle perd l'esprit critique, ne va-t-elle pas rester sur sa faim ? On cultive ses désirs, on fait naître en elle de nouveaux besoins, avant même de les pouvoir contenter. Le paradis des cover-girls, des princes et des stars, n'est-il pas décevant de le connaître seulement par procuration ? Le confort mécanisé apporte plus d'agitation et de nervosité que de calme. Du haut en bas de l'échelle, la civilisation de la masse, avec ses idoles fragiles et son public insatisfait s'aperçoit que non seulement la technique ne donne pas la solution du problème mais que même, contrairement à ce que nous pensions pouvoir pressentir il y a un moment, elle ne suffit pas à délimiter l'idéal du bonheur, parce qu'elle s'occupe trop peu des âmes.

Mais non, cela n'est pas vrai encore, car la technique n'est pas forcément bornée aux conditions matérielles et extérieures du bonheur. Elle va plus loin, elle pénètre au plus profond de nous et se fait fort d'adapter nos âmes aux exigences de la vie moderne, autrement dit de rendre à la fois assimilable et cohérent un idéal d'équilibre dans le bien-être.

CHAPITRE VII

Techniques de l'âme et artifices

La psychanalyse ne se définit pas elle-même comme une technique du bonheur. Et pourtant, c'est ainsi qu'elle apparaît si l'on essaie de la pousser jusqu'au bout de sa vocation. Le freudisme est d'abord une technique médicale de la névrose et, plus largement, des déséquilibres psychiques ou psychosomatiques n'ayant pas une cause organique. Cela suppose, à la base, une certaine conception de ce qui est normal et de ce qui est pathologique. Freud ayant mis l'accent principalement sur la sexualité, il lui fallait admettre que le développement de celle-ci peut, suivant les cas, entrer dans l'une ou l'autre de ces deux catégories. Mais quel serait l'intérêt de remédier aux névroses en s'efforçant de ramener la sexualité à son état normal ou du moins à celui que le psychanalyste définit comme tel ? Rien, sinon d'être moins malheureux.

Cependant, on ne trouve guère chez les grands maîtres de la psychanalyse, qu'ils soient freudiens, adlériens ou même jungiens, une analyse sérieuse de la notion de bonheur. Ou s'ils la rencontrent, c'est plutôt, comme on l'a déjà vu, sous la forme inverse du regret de l'enfance et du paradis perdu. Pour certains disciples de Jung, ce serait là un archétype de l'inconscient collectif. Ce point de vue présente le grand intérêt de faire mieux comprendre les implications et répercussions sociologiques des concepts en question ; mais en ce qui concerne la signification même du bonheur pour l'individu, il renvoie à l'interprétation freudienne. Cependant, Jung a insisté plus que tout autre sur la nécessité pour l'adulte de renoncer à ce paradis de l'enfance et à celui de l'existence intra-utérine, autrement dit d'abandonner l'atmosphère maternelle. Les populations primitives, dit-il très justement, ont tellement bien senti la difficulté de cet arrachement indispensable qu'elles l'ont symbolisé dans les rites d'initiation, afin de le rendre plus effectif [1]. Dans de très nombreuses tribus, ce cérémonial, accompli sous le signe des ancêtres totémiques, comporte une dramatisation de la rupture entre le jeune homme devenu pubère et le monde de son enfance, tout particulièrement celui de la mère et des femmes en général. Ce rituel d'accession à la vie adulte prend en même temps le caractère d'une épreuve parfois sévère [2]. Dans certaines sociétés, comme chez les Bantous de la tribu Tembu où l'initiation n'est pas absolument obligatoire, ceux qui n'ont pas eu le courage de l'affronter sont considérés comme des anormaux.

De nombreux ethnographes ont bien compris la similitude qu'il y avait entre ces pratiques des « sauvages » et la technique psychanalytique. Ainsi, selon Bateson, l'initiation, chez les indigènes de la Nouvelle-Guinée, aurait pour but de faire passer les jeunes gens de l'ethos féminin à l'ethos masculin. C'est dans le même esprit que les Noirs de l'Oubangui traitent les non-circoncis de « femmelettes ».

La période préparatoire aux cérémonies de la puberté comporte souvent une phase de réclusion :

[1]. C. G. Jung, *Le Moi et l'inconscient* (Édit. Gallimard, 1938), p. 159.
[2]. Cf. J. Cazeneuve, *Les Rites et la condition humaine* (P. U. F., 1958), chap. XVII.

les néophytes sont arrachés à la vie facile qu'ils avaient connue étant enfants. Les aînés viennent les chercher, les enlèvent à leurs mères en larmes et les abandonnent dans la brousse pendant plusieurs jours ou plusieurs semaines. Puis viennent les brimades. En Australie, par exemple, les candidats à l'initiation doivent se coucher sur des feuilles recouvrant des braises ardentes. En de nombreux pays, ils sont battus, fouettés, et doivent supporter les coups sans broncher. En Guyane, ils doivent s'offrir aux piqûres des guêpes et aux morsures des fourmis. Quel est le sens de ces étranges coutumes, auxquelles d'ailleurs on peut rattacher la circoncision, bien qu'elle ait en outre d'autres significations ? D'une part, la discipline imposée par les initiés aux néophytes doit montrer à ceux-ci que, pour eux, la fin de l'enfance les fait passer de la domination des femmes à celle des hommes. D'autre part, elle leur montre que désormais le bonheur, pour eux, ne doit plus être cherché dans le jeu et le plaisir, mais comporte l'acceptation de la douleur et du risque. Elle leur fait savoir que, dans la vie, toute promotion s'accompagne de quelques sacrifices. Et c'est sans doute ce qui justifie la survivance de ces rituels que l'on retrouve dans les cérémonies de « bizutages » qui marquent l'entrée des « nouveaux » dans certaines de nos grandes écoles.

Après la phase des brimades et avant la révélation des mystères sacrés qui en est le couronnement, le rituel d'initiation comporte, en de nombreux pays arriérés, l'évocation de la mort suivie d'une nouvelle naissance. Parfois, il s'agit seulement d'histoires que l'on raconte aux non-initiés ; parfois cela prend la forme d'une mise en scène. Dans telle tribu australienne, on fait entendre de loin aux femmes terrorisées le bruit d'un bullroarer (planche ronflante) et on leur dit que c'est la voix d'un grand ancêtre qui va dépecer ou manger leurs enfants puis leur rendre ensuite la vie. En Nouvelle-Guinée, on fabrique une hutte à laquelle on donne l'apparence d'un monstre ; les néophytes entrent par la gueule ouverte et ressortent par un autre orifice. Aux Fidji, on joue comme au théâtre la scène de la mort et de la résurrection. Après ces cérémonies, le nouvel initié doit souvent changer de nom et même d'habitation. Il est manifeste que cette partie du rituel tend à faire sentir au jeune homme que désormais il a quitté à la fois le monde de l'enfance, de la mère et des femmes, et qu'il appartient à la société des hommes. La nouvelle naissance, c'est la rupture totale avec tout ce passé.

En évoquant ces coutumes barbares mais répandues dans toute l'humanité primitive, nous n'avons pas quitté le terrain de la psychanalyse dans ses rapports avec le problème du bonheur. Nous avons au contraire voulu montrer combien était naturelle l'idée d'une technique destinée à maintenir l'équilibre psychique normal de l'adulte en l'aidant à liquider les traces de l'enfance, à renoncer au paradis de ses premières années. « L'homme, écrivait C. G. Jung, ne vit pas impunément trop longtemps dans le cercle de son enfance ou au sein de sa famille. La vie l'appelle au-dehors vers l'indépendance et celui qui, par indolence infantile ou crainte, n'obéit point à cette dure loi est menacé de névrose. » Et le même auteur interprète la démence précoce comme une maladie de l'individu qui abandonne le monde « pour retrouver le subjectivisme de l'enfance [1] ».

D'une manière générale, la doctrine psychanalytique se réfère à un schéma d'évolution considéré comme normal, dans lequel différentes phases se succèdent depuis les premières années et même depuis

1. C. G. Jung, *Métamorphose et symboles de la libido* (Édit. Aubier, 1927), p. 291-292 et 405.

l'existence prénatale jusqu'à la vieillesse. Et elle explique les névroses, les maladies psychiques endogènes (c'est-à-dire, si l'on préfère, celles dans lesquelles le sujet se rend malheureux lui-même) comme les conséquences d'un « accrochage » dans cette succession d'étapes, et, dans presque tous les cas, une fixation à l'une des phases infantiles, à moins qu'il ne s'agisse d'un « régression » à celles-ci. Dans tous les cas, et en résumant à l'extrême, pour le psychanalyste freudien ou jungien, et même à la rigueur adlérien, ce qui s'oppose à l'épanouissement normal et heureux de l'individu, si l'on fait abstraction des circonstances extérieures, c'est une enfance dont il n'arrive pas à se libérer. La technique de guérison consistera donc à trouver le clou auquel est resté accroché ce lambeau du passé, c'est-à-dire le traumatisme psychique oublié qui a empêché l'acheminement régulier vers l'âge adulte. En schématisant encore plus, on pourrait dire que la cause intérieure du malheur c'est, dans cette perspective, l'attrait abusif du paradis de l'enfance, et que la thérapeutique consiste à exorciser ce fantôme séduisant.

Certains critiques, se fondant sur l'observation des sociétés primitives, ont reproché à Freud d'avoir pris pour une explication de l'âme humaine en soi des observations justes qu'il avait faites uniquement dans la société bourgeoise moderne et occidentale. Si vous allez chez les indigènes de tel archipel du Pacifique, disait notamment Malinowski, vous verrez que les choses se passent tout autrement, parce que le contexte culturel n'est plus le même. Il y a sans doute une part de vérité dans ces objections, du moins dans leur principe. Non seulement le mécanisme de la fixation du passé peut varier (et, dans les sociétés matriarcales, le fameux complexe d'Œdipe peut être modifié), mais l'intensité même de l'attrait qu'exerce sur les individus le paradis de l'enfance,

et leur difficulté de rompre avec lui peuvent dépendre
du type de civilisation dans lequel sont élaborées et
affirmées les valeurs se rapportant au bonheur et
les images qui les symbolisent.

On ne s'étonnera pas que la psychanalyse ait été
inventée par un médecin qui n'avait pour point de
départ que ses observations dans la société bourgeoise du capitalisme industriel, c'est-à-dire celle
qui était en train de mettre au monde la culture
moderne actuelle. Car l'évolution, depuis cette époque
relativement récente, s'est faite dans le sens d'une
accentuation de toutes les causes sociales des névroses
étudiées par le maître viennois. Comme tout homme
vraiment génial, Freud fixait son attention sur
tout ce qui était essentiel non seulement dans le
contexte contemporain mais dans l'évolution de la
société. Le poids de l'enfance était, en effet, devenu
de plus en plus grand, à mesure que la civilisation
technicienne développait le genre de culture qu'elle
portait en elle au début du siècle.

C'est pourquoi la technique du bonheur psychanalytique apparaît comme la médecine la mieux indiquée
pour la « société de masse » fabriquée par le cinéma,
la radio, la télévision, les magazines, la publicité.
C'est ce qui explique le succès des disciples de Freud
dans les pays où se développe ce genre de civilisation
et, par conséquent, aux États-Unis plus qu'ailleurs.
Là, on va chez le psychanalyste comme on se rend
chez le dentiste. C'est que la vie moderne n'est pas
plus favorable à la santé de l'âme que notre régime
alimentaire ne l'est à la dentition. Et l'on soigne
les malaises psychiques comme les caries.

Étudiant la technique du bonheur aux États-Unis,
Claude Lévi-Strauss avait insisté tout particulièrement sur l'aspect infantile de l'état d'esprit qui s'y
développe. La culture populaire américaine, disait-il,
s'attache à légitimer et à satisfaire la part d'enfance

qu'il y a en chacun de nous. La passion pour les nouveautés qui est stimulée par la publicité et qui pousse à la consommation ressemble à celle qu'on éprouve dans le jeune âge pour les jouets. En définitive, selon cet auteur, l'Amérique tâche de produire des adultes en qui l'enfant éternel n'a pas été et ne sera jamais lésé [1].

D'autre part, nous venons de voir que la culture de masse, qui est un élargissement à l'Occident de celle qui déjà prédomine aux États-Unis, est dominée par les idéaux et les valeurs d'orientation féminine. Or, comme les « sauvages » l'ont bien senti dans leurs rituels d'initiation, la nécessaire évasion hors du monde de l'enfance est en même temps un abandon de l'ethos féminin. Ne nous étonnons donc pas si la civilisation américaine apparaît, suivant le point de vue adopté, comme obsédée et dominée par l'enfance ou par les femmes. Par rapport à la quête du bonheur, c'est au fond la même chose.

Alors, le psychanalyste est obligé d'intervenir pour essayer de venir à bout des névroses résultant du conflit entre les nécessités de la vie adulte et la persistance à tout âge de l'atmosphère de la nursery et du gynécée. En fait, les deux techniques du bonheur, celle de la culture de masse et celle de la psychanalyse, s'opposent et s'affrontent. Mais en même temps elles font bon ménage, parce que, dans l'esprit de la clientèle, elles répondent à des motivations analogues. Comme l'enfant qui pleure au moindre bobo et va se faire consoler par sa mère, l'homme façonné par l'idéal du cinéma et des magazines cherche dans le médecin des âmes un protecteur qui lui permet de vivre sans souci. Il continue encore de se laisser guider par la technique. Elle est pour lui comme un substitut de cette mère dont il n'a pas le courage de

1. C. Lévi-Strauss, « La technique du bonheur aux États-Unis » (in *L'Age d'or*, n° 1, p. 75-83).

se détacher. Voilà, du moins, comment on pourrait situer le rôle de la psychanalyse dans la recherche actuelle et future du bonheur, en poussant à l'extrême ses propres considérations sur le normal et le pathologique. Ce n'est absolument pas là une caricature. D'ailleurs, dans son livre *Totem et tabou*, Freud présente bien l'avènement de la culture en général et le passage de l'animalité à l'humanité socialement organisée comme la conséquence d'une sorte de névrose obsessionnelle.

Mais en montrant que l'enracinement dans l'euphorie enfantine est, pour l'adulte, source de déséquilibre intérieur et par conséquent de malheur, la psychanalyse se trouve amenée à reconnaître que deux tendances fondamentales contradictoires s'affrontent qui pourtant, l'une et l'autre, demandent à être satisfaites : celle qui promet le bonheur dans l'inertie et celle qui le cherche dans la liquidation du passé. Cette opposition peut être ramenée tantôt à celle des instincts de vie et des instincts de mort, tantôt à celle du principe du plaisir et du principe de réalité. Ce ne sont d'ailleurs pas là les chapitres les plus clairs de la doctrine freudienne. En définitive, si la psychanalyse est une technique pour résorber les conflits intérieurs qui empêchent l'individu d'être heureux, en revanche elle ne parvient pas à élaborer une théorie positive du bonheur.

Bornons-nous pour le moment à poursuivre l'inventaire des techniques du bonheur. Après celles de la culture de masse et celles de la psychologie des profondeurs, il en est une qu'il ne faudrait pas oublier, qui est vieille comme le monde mais prend des formes nouvelles dans la société moderne. Si le confort matériel, idéal de la société de consommation, et la médecine de l'âme aboutissent à des contradictions, n'est-il pas possible à l'homme de les résoudre pour ainsi dire par l'absurde en utilisant les moyens matériels et corporels pour mettre la conscience hors circuit ? Tel est sans doute l'espoir secret de ceux qui se réfugient dans les « paradis artificiels ». Ce n'est pas sans raison qu'on désigne par cette expression baudelairienne les modes d'existence euphorique auxquels on peut accéder sous l'effet de substances exerçant une action particulière sur le système nerveux, de manière à modifier les conditions normales de la conscience de soi-même ou du monde extérieur. Ces drogues sont extrêmement nombreuses et variées ; leur action est plus ou moins grande et durable. Il en est qui ne sont pas à proprement parler toxiques, du moins à faible dose. Mais il est rare que leur usage fréquent et prolongé n'ait pas des conséquences néfastes pour la santé. C'est dire que l'usage trop continu de ces produits finit par créer les conditions d'une existence malheureuse. Les « drogués » en arrivent souvent à trouver la vie normale intolérable et, entre leurs voyages aux paradis artificiels, c'est l'enfer qu'ils connaissent. Bien entendu, cela ne doit pas être oublié. Mais quand on étudie les rapports entre la toxicomanie et le bonheur, on doit limiter l'étude aux moments précis où le sujet est sous l'effet de sa drogue, et elle n'a de sens que dans la mesure où, par convention, on fait abstraction des conséquences que cette pratique peut avoir sur la vie en dehors des moments particuliers où la conscience est modifiée.

Il est vrai que le genre d'ivresse qu'on demande aux narcotiques n'est pas toujours assimilé au bonheur. Il est, dans certains cas, d'ordre plutôt mystique. C'est ce qu'on observe par exemple dans le peyotisme, qui est une nouvelle religion fort répandue en Amérique chez certaines tribus d'Indiens [1]. Le rituel principal en est la consommation d'un

1. Cf. J. Cazeneuve, « Le peyotisme au Nouveau-Mexique » (in *Revue philosophique*).

petit cactus, le peyotle, que les Peaux-Rouges appellent familièrement *dry-whisky*, et qui contient plusieurs alcaloïdes, dont le plus actif est la mescaline. On le mange ou bien on en boit une infusion. Les effets varient suivant la dose qu'on a prise et vont de l'excitation nerveuse jusqu'aux hallucinations. Entre ces deux stades se situe celui d'une euphorie extraordinaire accompagnée d'une acuité sensorielle inaccoutumée. Le grand écrivain britannique Aldous Huxley, toujours curieux de tout ce qui intéresse la psychologie, fit un jour l'expérience avec de la mescaline, et c'est à ce second degré d'intoxication qu'il parvint. Il a fait une description remarquable de ses impressions dans un livre qui porte un titre suggestif : *Les Portes de la perception*. Le monde lui apparaissait avec une infinie richesse de détails, et il oubliait sa propre personnalité et ses soucis, pour être tout entier dans sa vision minutieuse des choses. Pour les fidèles du culte peyote, ce qui importe le plus, c'est d'accéder au degré supérieur du processus, celui où le cerveau, sous l'influence de la mescaline, n'est plus alimenté en glucose et où apparaissent les hallucinations. Dans l'atmosphère rituelle au cours de laquelle les Indiens consomment le peyotle, il n'est pas surprenant qu'ils croient avoir des révélations surnaturelles et communiquer avec la divinité.

Dans le monde des primitifs, les pratiques de ce genre sont très répandues, et divers procédés sont employés pour parvenir à une extase religieuse. Ainsi, en Nouvelle-Guinée, les indigènes, au cours des cérémonies, absorbent un champignon nommé *nonda* qui les rend temporairement fous. Il faudrait sans doute prendre soin, comme le fait par exemple le sociologue Philippe de Felice [1], de faire une

---

[1]. Ph. de Felice, *Poisons sacrés, ivresses divines* (Édit. Albin Michel, 1936).

distinction entre le mysticisme véritable et ces
« formes inférieures » de la mystique. Il n'en est
pas moins vrai, cependant, que les paradis artificiels
sont créés par des procédés qui, dans un autre contexte, donnent l'illusion d'une sorte de communion
avec une réalité extra-humaine.

L'euphorie que l'on cherche dans l'usage ou l'abus
de narcotiques implique toujours plus ou moins une
sorte d'évasion hors de la condition humaine normale. Quand cette pratique est laïcisée, elle peut
n'être plus qu'un simple moyen d'oublier les causes
intérieures ou extérieures de malheur et d'angoisse,
de régler provisoirement par la négation tous les
problèmes. On comprend, dans ces conditions, pourquoi, presque partout sur terre, sauvages et civilisés ont eu recours à ce moyen d'évasion. On a même
quelques raisons de croire que, dans les temps pré-
historiques, les habitants des cités lacustres fumaient
le chanvre et l'opium. Est-ce que l'état d'intoxication ainsi obtenu peut-être considéré comme une
espèce de bonheur ? Le fait est que cette assimilation
est couramment faite par ceux qui s'y abandonnent
et même par ceux qui les observent. Dans le Moyen-
Orient, quand on voit un homme un peu ivre pour
avoir fumé du haschich, on a coutume de dire qu'il
est « mabsouth », ce qui signifie « heureux, content ».
Les fumeurs d'opium, si l'on en juge par les confessions célèbres que certains d'entre eux nous ont
laissées, ne sont pas dans la vie courante des gens
satisfaits de leur sort, mais, pendant les rêveries
que leur procure leur poison favori, ils ne pensent
plus à tout ce qui les angoisse et ils connaissent une
existence délicieuse. Les morphinomanes, les éthé-
romanes, les cocaïnomanes apprécient eux aussi,
sous des formes très différentes, cette différence entre
la vie normale et les moments d'euphorie.

Dans nos sociétés modernes, toutes ces drogues

en général sont sévèrement prohibées. Il est néanmoins significatif que, malgré la sévérité des sanctions et le prix élevé de la « came », le commerce en soit florissant. Il semble, que tout comme le recours au traitement psychanalytique (avec lequel nous ne commettrons pas le péché de la comparer), la fuite vers les paradis artificiels soit stimulée par tous les mécomptes de la société technicienne qui exaspère les tensions psychiques. Quand il n'y a plus l'alibi du mysticisme religieux, la drogue n'est plus que le symbole d'un échec, et le bonheur qu'elle procure est surtout l'envers d'un malheur inhérent à la condition humaine normale.

Ce qui, dans les pays civilisés, n'est pas interdit, mais simplement contrôlé, ce sont les médicaments appelés tranquillisants. Dans la mesure même où ils sont en vente libre, il est évident que leur usage ne peut pas être comparé à la toxicomanie. Pourtant, les docteurs souvent s'inquiètent des abus qu'on en fait. Ils font partie, eux, du système normal de la technique du bonheur dans les sociétés modernes. L'euphorie plus ou moins inoffensive qu'ils procurent tend à devenir un des éléments du confort. Nietzsche avait prophétisé que les « derniers hommes » auraient leurs poisons pour s'aider à supporter les petites peines et les petites douleurs. Comme les narcotiques, mais sans détraquer le fonctionnement normal du cerveau, les tranquillisants aident à oublier les soucis, les tracas, et ils sont aussi, très souvent, des anesthésiques. Ou plutôt, suivant le cas, on prend un remède qui atténue les sensations, un autre qui les rend plus nettes. On s'endort ou bien l'on se dope, de manière à trouver juste le degré de conscience qui permet de goûter les bonnes choses et d'oublier les mauvaises.

Faut-il ranger l'alcool parmi les excitants normaux ou parmi les voies d'accès aux paradis artificiels ?

Cela dépend, bien sûr, de la consommation qu'on en fait, et toutes les nuances sont possibles depuis l'ivresse totale jusqu'au petit vertige qui « met en train ». En tout cas, dans la fabrication des boissons alcoolisées, les peuples de la terre ont rivalisé d'ingéniosité. Les uns font du vin de miel, de palme, de céréales, de cactus ou de raisin ; d'autres, comme les anciens Égyptiens, fabriquent de la bière où l'alcool provient du sucre par addition de fécule.

Plus encore que pour les drogues à proprement parler, qui sont employées soit régulièrement dans des rites magico-religieux soit de manière habituelle par des gens qui en ont contracté le vice, il faut, pour apprécier les effets de l'alcool et pour connaître les intentions de ceux qui le boivent, faire de nombreuses distinctions. Il y a d'abord, ici aussi, l'usage rituel, qui lui-même comporte tantôt de simples toasts et des libations paisibles, tantôt la recherche d'une ivresse qui porte à l'exaltation, aux visions, voire à la possession. Certains mystiques, même, ont recours à ces boissons comme aux narcotiques, non pas exactement d'une manière liturgique, mais en les considérant comme un moyen commode pour accéder à l'état de transe et s'élever vers l'absolu. C'est, chose étrange, chez les musulmans, du moins dans une certaine tendance de l'islam, que cette technique de l'extase a été le plus explicitement acceptée. Par exemple, Djellaledin Roumi écrivait : « On se laisse porter à l'usage du vin et de l'opium, afin de pouvoir échapper un instant à la conscience de soi. » Un autre mystique oriental reconnaissait que ces procédés étaient contraires aux préceptes du Prophète, mais il déclarait que le sage, le Soufi, doit boire de l'alcool malgré la défense du Coran, pour connaître l'anéantissement de soi, l'illusion de n'être plus, qui précède la béatitude mystique. Et Hafis, parlant à ce même propos, s'expliquait ainsi :

5

« Ce vin signifie pour moi l'abandon de soi-même, l'anéantissement. »

Si nous considérons maintenant l'usage purement laïque de l'alcool, nous trouvons encore des nuances fort variées. Il y a les alcooliques invétérés, qui ruinent leur santé et qui sont liés à leur boisson comme l'opiomane à sa drogue. Parmi eux, d'ailleurs, il faudrait faire une différence entre l'alcoolique qui ne s'enivre jamais et s'empoisonne lentement, et l'homme qui se soûle chaque jour. Il y a aussi les gens qui ne sont pas, du point de vue médical, de vrais alcooliques, mais qui, comme on dit vulgairement, « prennent une cuite » de temps à autre et même assez souvent. Enfin, il y a tous les autres, ceux qui ne sont pas éthyliques et qui ne s'enivrent jamais ou très rarement mais qui, quelquefois, ou même assez souvent en certaines occasions, boivent un peu plus d'apéritif qu'il ne faudrait (à moins que ce ne soit du vin, des liqueurs, du whisky) sans aller jusqu'à perdre totalement le contrôle de soi, mais assez pour être un peu trop gais.

Dans ce dernier cas, il serait vraiment excessif de dire qu'il s'agit encore, même à titre illusoire, d'une technique du bonheur. Ce n'est pas lui qui est directement visé, mais le plaisir ou bien la joie, puisque, de toute façon, on n'a affaire ici qu'à des états fugitifs et non à une règle de vie. Notre problème ne concerne donc, à la rigueur, que l'usage régulier de l'alcool comme moyen de rendre la vie plus supportable, c'est-à-dire la fuite dans l'ivresse. D'un certain point de vue, on pourrait à ce propos reprendre tout ce qui a été dit des toxicomanes. Mais, sous son aspect sociologique, la question est assez différente. D'abord, dans la plupart des pays civilisés, à l'exception des théocraties islamiques, le commerce de l'alcool est libre. Il est vrai que sur l'abus de ces boissons pèse une réprobation diffuse, renforcée par la propagande de certaines ligues. Néanmoins, la consommation du vin, des apéritifs et des liqueurs ne présente pas le caractère ésotérique que revêt presque partout le recours aux stupéfiants, et, au contraire se répand largement dans toutes les couches de la population. A côté des tabous moraux et médicaux qui pèsent sur elle, on pourrait citer par contre les dictons et slogans qui l'encouragent. « Buvez du vin, vivez joyeux. » *In vino veritas*. La littérature poétique, depuis Anacréon et Horace, en a fait un thème courant, souvent associé à celui de l'amour. Les mœurs en favorisent l'extension, au point d'en faire un des éléments de la sociabilité. Les réunions amicales, les banquets, les soirées mondaines ou galantes ne vont guère sans quelques libations à Bacchus. La culture de masse popularise de plus en plus le type du héros bagarreur et magnanime qui puise sa force dans le whisky.

Bref, en dépit de tous les courants opposés, l'alcool, sous ses formes diverses, conserve ou même consolide sa place de choix parmi les éléments officiellement reconnus d'une existence euphorique. Chansons à boire vieilles comme le monde, plaisanteries gauloises associent volontiers le vin et l'ivresse à tout ce que la vie peut comporter d'agréable. Et nous avons vu que, dans certaines croyances religieuses, les boissons enivrantes sont au programme des réjouissances paradisiaques. Là encore, il est vrai, on reste plutôt au niveau du plaisir et de la joie de vivre. Mais, dans la conception courante, l'emploi régulier des boissons alcoolisées, surtout le vin, le champagne et le whisky (suivant les pays et les classes sociales), est plus que cela aussi. C'est d'abord et surtout un moyen de mieux accepter la condition humaine et d'oublier les causes de malheur.

Les enquêtes sur l'alcoolisme dans les pays sous-développés sont révélatrices. C'est lorsque les structures sociales et religieuses traditionnelles s'effondrent que le fléau se répand le plus sûrement. C'est l'être désorienté, misérable, privé des idéaux collectifs dynamiques, qui sombre dans ce vice. Aux États-Unis, les tribus d'Indiens, comme les Pueblos, qui ont pu conserver encore très vivace leur culture précolombienne, ne sont guère atteintes par l'alcoolisme. Au contraire, celles qui, comme les Apaches, n'ont pas pu maintenir leurs anciennes formes de vie sociale en sont atteintes de façon inquiétante. Est-ce à proprement parler le bonheur que les membres de ces collectivités déshéritées cherchent dans l'ivresse chronique? Il faudrait plutôt dire que leur déchéance les rend impuissants à viser si haut. L'alcoolisme correspond souvent à une attitude de défense, ou plutôt de détresse quand toutes les autres issues semblent bouchées. Dans certains cas, on peut l'assimiler à un comportement-suicide. Mais c'est là une limite extrême. Plus fréquemment, il exprime la difficulté d'être et d'espérer, et une tentative pour régler le problème par l'absurde, en lui fermant l'accès à la conscience claire. Ce n'est pas une technique du bonheur, mais un procédé facile pour se mettre en deçà des conditions mêmes du bonheur et du malheur.

Enfin, parmi les ingrédients les plus connus des recettes euphorisantes, il faut citer celui qui semble le plus modeste dans ses effets, mais qui reste l'un des plus populaires, malgré les tabous médicaux : c'est le tabac.

En ce qui concerne ses effets psychologiques, ce n'est qu'un stimulant léger. On pourrait, de ce point de vue, ranger dans la même rubrique le café, le thé, le maté. Mais l'acte de fumer est autre que celui de boire. On ne sait pas trop ce qui plaît à l'humanité et l'envoûte : est-ce la petite excitation nerveuse que produit, paraît-il, la nicotine? N'est-ce pas plutôt le geste, avec les sensations qui l'accompagnent et les illusions de détente ? Voyez le fumeur de pipe, avec son air de philosophe, ou bien son allure de loup de mer tout apaisé d'avoir bourlingué. Soit qu'il garde l'engin au bec, soit qu'il tienne le petit fourneau dans le creux de sa paume, il semble avoir trouvé le secret de la sagesse et tenir sa destinée bien en main. L'amateur de cigare, lui, paraît se délecter d'un confort plus cossu et connaître une volupté sans complication.

Plus de bonheur en ce cigare qui s'éteint
Tint
Que n'en donna l'amour à toute cette ville
Vile

La cigarette a des significations plus subtiles. Elle peut aider à accepter une nervosité fébrile ou bien ajouter plus de prix à un instant de douceur.

Il semble bien que les Indiens d'Amérique aient été les inventeurs de ce plaisir sous toutes ses formes : pipes, cigares, cigarettes, rouleaux à fumer, chiques. Ils utilisaient le tabac dans de nombreux rites, mais aussi, parfois, pour leur simple agrément. Les premiers Blancs qui découvrirent le Nouveau Monde furent très surpris de voir les indigènes « tirer de la fumée d'une herbe tenue dans la bouche ». Au xvie siècle, Jean Nicot, ambassadeur au Portugal, fit connaître le tabac à la cour de France ; mais on ne l'utilisa d'abord qu'à des fins médicales. Il fallut encore du temps pour que la mode de priser ou de fumer se répandît. Mais, une fois l'impulsion donnée, ce fut un essor foudroyant. Il semblait que, depuis des siècles, l'humanité tout entière attendait cette révélation. En Afrique, l'herbe à Nicot étend maintenant son règne presque partout. Albert Schweitzer dit qu'à Lambaréné les femmes fument encore plus

que les hommes et que cette région est « le pays de
l'empoisonnement chronique par la nicotine ». Lips
cite aussi le cas des Kavirondo de l'Est africain, où
les cigarettes sont vendues par paquets de quatre,
« parce que les Kavirondo fument quatre cigarettes
à la fois, en portant une à chaque coin des lèvres,
une autre dans une narine, une dernière enfin dans
l'autre narine [1] ». Au Moyen-Orient et en Orient, on
apprécie beaucoup les pipes à eau, les narghilehs,
dont certains, munis de plusieurs tuyaux, permettent
des fumeries collectives.

Comment expliquer ce triomphe mondial d'une
invention des Peaux-Rouges qui, en somme, était
plutôt bizarre et ne semblait pas, pour les premiers
explorateurs, promise à un tel destin ?

Il serait trop facile de répondre que l'organisme
humain s'habitue à certaines passions qui deviennent
rapidement tyranniques. Cela est vrai, bien sûr, non
seulement pour le tabac, mais aussi pour l'alcool,
l'opium, la morphine. Oui, une fois la manie contrac-
tée, on a du mal à s'en défaire. Mais il reste précisément à comprendre pourquoi, d'abord, on l'adopte.

La question posée à l'échelon individuel n'apporte
pas de renseignements utiles. « Pourquoi fumez-
vous ? » En cherchant dans vos souvenirs, vous
découvrirez peut-être qu'un camarade de lycée vous
a offert une cigarette, que vous l'avez acccptée
pour n'avoir pas l'air plus bête qu'un autre, et puis
que, l'ayant trouvée mauvaise, vous n'avez pas
voulu avouer votre inaptitude et que vous avez
continué jusqu'au moment où, hélas, vous avez aimé
cela. Peut-être avez-vous trouvé amusant d'en-
freindre un règlement. Je connais quelques personnes qui ont commencé de fumer pendant la guerre,
au moment où les cigarettes étaient rares. Mode,

---

[1]. Lips, *Les Origines de la culture humaine* (Édit. Payot, 1951).

snobisme, goût du fruit défendu, tout cela, en définitive, nous ramène à des « motivations » sociales. Bref, si l'on s'en tient aux indications psychologiques et individuelles, on tourne en rond, et mieux vaut aller tout de suite à l'essentiel : si l'humanité fume, c'est parce que, dans son ensemble, elle y trouve quelque chose qui lui convient.

Il est possible que les raisons soient multiples, ce qui n'exclut pas d'ailleurs qu'elles se ramifient autour d'un thème central.

Sauf dans des cas extrêmes et exceptionnels, le tabac ne produit pas l'ivresse, ni rien qui lui ressemble. Il aide peut-être, comme un futile dérivatif, à supporter les soucis, non à les oublier.

Il est possible que la fumée elle-même agisse vaguement sur l'imagination inconsciente par sa valeur archétypique, dont les associations avec le rêve sont évidentes. En exhalant la fumée de sa bouche, et en suivant les volutes d'un œil distrait, on a peut-être l'impression de s'alléger, de devenir matière onirique. Et la sensation diffuse du bonheur ne va guère sans quelque participation avec le monde des rêves.

Plus concrète serait la transformation esthétique de l'acte de respirer. Si l'on analyse les perceptions cénesthésiques précises qui sont impliquées dans le plaisir de la cigarette, il n'est guère douteux que la plus nette soit en effet dans l'inspiration et l'expiration. Habituellement, nous ne sommes guère conscients de notre fonction respiratoire. Nous n'en prenons acte que si notre sens olfactif est éveillé par une mauvaise odeur ou, au contraire, un parfum répandu dans l'atmosphère. Dans une forêt de pins, par exemple, ce peut être un plaisir d'emplir ses poumons, de s'imprégner ainsi des effluves naturelles. Quand on fume, c'est autre chose encore. Ce n'est plus une sensation de l'extérieur que l'on éprouve, ce n'est plus une absorption de la réalité ambiante ; c'est notre propre souffle, c'est notre être lui-même qui se donne la conscience de son existence dans l'action de respirer. On voit assez bien comment cela peut devenir un plaisir.

Mais quel serait le rapport avec le bonheur ? Disons tout de suite, ou plutôt répétons qu'il n'est pas direct, qu'il n'est pas celui de cause à effet. Hélas, il ne suffit pas d'avoir une cigarette pour être ou pour se croire heureux. Mais le mélange d'une légère évocation onirique et d'une sensation d'existence dans la fonction respiratoire s'allie assez bien avec l'euphorie et peut la renforcer.

Il faut évidemment aller plus loin et chercher l'explication la plus profonde non pas seulement dans des impressions momentanées, mais dans la passion qui les fait désirer. Seul celui qui en a le vice aime vraiment fumer. Et, au fond, ce qui lui plaît et ce qui peut lui donner l'illusion d'être heureux, c'est sa passion elle-même. Nous rejoignons ici un élément psychologique assez général et qui s'applique à la fois au cas du tabac et à celui de l'alcool et des drogues.

Cette sensation de la respiration voluptueuse, quand elle devient exigeante, est le type même de la passion rudimentaire, car elle s'applique à la fonction organique la plus constante. C'est pourquoi, sans doute, de toutes les manies provoquées par des substances excitantes ou enivrantes, c'est encore le tabac qui suscite la plus anodine en apparence et la plus apte à se répandre dans l'humanité.

Bien évidemment, nous prenons ici le mot « passion » dans son sens le plus simple, le plus concret, c'est-à-dire celui du besoin d'une certaine sensation à laquelle on s'est habitué. Ravaisson n'avait sans doute pas tort de parler, à ce propos, d'une « idée substantielle » à la fois active et passive qui se développe dans l'individu et finit par y vivre de sa vie autonome. C'est un État dans l'État.

Faire naître en soi une passion de ce genre, ce ne peut pas être, à proprement parler, une technique du bonheur. Mais peut-être de l'illusion du bonheur. C'est pourquoi les gestes du fumeur ont leur importance, dans la mesure où ils sont la mise en scène de cette illusion. Et celle-ci, c'est la passion ou, si vous préférez, le vice qui la produit. De quelle manière ? Il faudrait ici encore reprendre les études si clairvoyantes de Ravaisson. L'habitude devenue exigence de sensation est un mécanisme tout monté qui se suffit à soi-même et constitue, dans le sens le plus fort de l'expression, une nature seconde.

Ne pourrait-on pas dire que l'illusion euphorique, dans les cas qui nous occupent, est réalisée par l'escamotage de la nature première derrière la seconde. Pour apprécier vraiment une cigarette et y trouver un motif de félicité, il faut non seulement être un fumeur habituel, mais aussi pouvoir être tout entier dans l'assouvissement du vice. Combien de bouffées sont dépensées en pure perte, c'est-à-dire sans produire cet effet, parce que l'on pense trop à autre chose et qu'on fume sans y faire attention. L'homme qui a l'air heureux de fumer, c'est celui qui savoure, c'est-à-dire celui qui coïncide avec sa passion dans le moment même qu'il la satisfait. L'opiomane va plus loin : il abandonne sa personnalité pour être tout à ses rêves.

Naturellement, il ne serait pas difficile de montrer que la démission du Moi au profit de l'idée-substantielle, du mécanisme impérieux de la passion n'est pas un moyen d'être véritablement heureux. Ou bien alors il faudrait définir le bonheur comme une duperie, et cela n'est pas possible dans la mesure où, à la différence de la joie, il est au moins en partie d'ordre intellectuel et se fonde sur une évaluation des circonstances. Être joyeux, c'est une certaine façon d'exister ; cela n'implique pas un jugement. Il peut suffire de s'étourdir. Au contraire, pour être heureux, il faut avoir une idée du bonheur, même confuse, et se mesurer à elle. Cela ne saurait être réalisé dans l'équivoque de la sensation devenue besoin, c'est-à-dire dans un mécanisme qui ne fait plus partie de la personne consciente.

En définitive, les techniques du bonheur ne sont pas d'une efficacité décisive. Celles du confort et de la culture de masse ne parviennent pas à harmoniser leurs idéaux avec les réalisations et leur ressort principal est l'insatisfaction. La psychanalyse peut contribuer à résoudre certains conflits en aidant l'adulte à surmonter son enfance ; mais alors il faut mobiliser des énergies qui s'opposent aux pulsions eudémonistes et insister sur l'acceptation du malheur, comme le font les primitifs dans leurs rites de passage. Quant aux drogues euphorisantes, elles peuvent créer une illusion ; mais la passion qui les impose correspond véritablement à une fuite du Moi devant l'idéal ou bien à un aveu d'impuissance.

Cependant, l'étude de ces techniques peut nous apporter quelques renseignements. Elle nous montre d'abord que la quête du bonheur devient plus insistante et surtout plus pressée d'obscurcir les contradictions lorsque les valeurs féminines l'emportent dans la société. En second lieu, cette recherche haussée au niveau d'une exigence culturelle met en évidence les problèmes de la vie adulte qui continue de vivre sur un idéal enfantin et s'expose à la névrose si elle s'y enferme ou à la douleur si elle veut s'en affranchir. Enfin, devant ces difficultés, le refuge le plus facile et le plus tentateur est le paradis artificiel, c'est-à-dire la substitution d'une passion à une

volonté qui n'ose plus se mesurer avec ses espoirs.
La technique du bonheur apparaît parfois comme
une pathologie du bonheur, et elle est révélatrice
à peu près autant que la psychopathologie peut
l'être pour la psychologie normale.

CHAPITRE VIII

La relativité

Que les hommes inventent des techniques pour résoudre ou bien éluder les problèmes du bonheur, cela ne nous dit pas exactement ce qu'ils entendent par ce terme, ni même si cette notion a une place dans leur pensée et leur comportement. Cela nous met simplement sur la voie et nous montre en définitive combien peu ils sont aptes à l'envisager collectivement. Faut-il donc revenir tout de suite au secret des individus ? Ce serait aller trop vite loin des réalités observables. Chacun de nous ne peut pas réfléchir à son propre bonheur sans être plus ou moins influencé par les mœurs auxquelles il se conforme dans sa vie quotidienne. Etre heureux ce n'est pas la même chose pour mon voisin et pour moi. Mais dans nos divergences mêmes, nous avons une certaine manière commune d'attaquer cette question. Au contraire, entre nos idées de bonheur, à mon voisin et à moi, et celle d'un coupeur de têtes de l'Amazonie, je ne suis pas sûr qu'il y ait même lieu de parler d'une divergence car il se pourrait que ce dont je parle alors ne corresponde absolument à rien pour lui. Il serait donc utile de voir ce qu'à travers les contrées et les siècles les peuples ont pu penser ou éprouver à ce sujet.

Il est dommage qu'on n'ait pas encore fait une sociologie du bonheur, comme il y en a une du

droit, de la connaissance ou de la religion. On
pourrait soutenir, il est vrai, qu'elle est incluse
dans la sociologie de la vie morale, et ce ne serait
pas entièrement faux. Mais il faudrait reconnaître
qu'elle en constitue un chapitre tout à fait particulier et jouissant d'une certaine autonomie. Plus
exactement, elle la recoupe en certains points,
sans l'épuiser et sans être entièrement englobée
par elle.

Pour élucider cette question un peu théorique
mais importante, considérons le programme le
plus clair et le plus cohérent qui ait été tracé pour
la sociologie de la vie morale : celui de Georges
Gurvitch [1]. Cette branche de la sociologie, d'après
cet auteur, est l'étude des « corrélations fonctionnelles » entre les genres, formes, systèmes d'attitudes morales d'une part, et les types des cadres
sociaux d'autre part. Or, parmi les huit genres qui
sont énumérés, il en est un seulement où apparaît
le bonheur. C'est la « moralité finaliste et en particulier utilitaire ». Elle comprend toutes les attitudes morales « fondées sur l'ascendant des biens de
ce monde pris comme buts, ainsi que sur les moyens
les plus appropriés pour les atteindre ». Ces biens
peuvent être très variés : le plaisir, le bonheur, la
sécurité, la santé, l'ordre, le confort. L'eudémo-
nisme et la morale utilitariste de Bentham sont
des systématisations de ces attitudes. Mais le bonheur n'est ici qu'une des finalités possibles. D'autre
part, il peut jouer un rôle important dans des
morales d'un tout autre genre. C'est ainsi que la
moralité d'aspiration, que Georges Gurvitch distingue très justement de la moralité finaliste ou
utilitaire, et qui est fondée sur l'ascendant du dési-
rable, se concentre souvent sur un concept de Souve-

---

[1]. G. Gurvitch, *Traité de sociologie* (P. U. F., 1960), t. II,
chap. III.

rain Bien qui est présenté comme identique au
bonheur véritable. Bref, la classification des genres
de moralité n'est pas exactement adéquate à l'étude
que nous nous proposons ici. Elle est faite d'un
point de vue différent. En outre, il est bien évident
qu'on s'oriente vers des éthiques différentes suivant qu'on a en vue le bonheur éternel, ou le bonheur matériel ou le bonheur ascétique.

Enfin si l'on se réfère à l'énumération des différentes formes de moralité distinguées par Georges
Gurvitch, on voit que le bonheur peut, suivant les
cas, être conçu d'une manière mystique ou ration-
nelle, intuitive ou réflexive, large ou étroite, collective ou individuelle.

Une sociologie du bonheur se heurterait à des
difficultés plus grandes que celle de la vie morale
ou même que celle du paradis. Les documents précis lui seraient plus difficiles à rassembler. En ce
qui concerne, par exemple, les sociétés archaïques,
les institutions et les coutumes observables ren-
seignent assez bien sur le comportement moral, et
les mythes exposent avec assez de précision les
croyances courantes sur la vie d'outre-tombe. Par
contre, le bonheur terrestre n'a pas, en général, la
même consistance selon les traditions. Pour savoir
ce qu'une société admet comme idéal de bonheur
immédiat et quel cas elle en fait dans la pratique,
il faut donc se livrer à une exégèse. On pourrait, il
est vrai, questionner directement les indigènes sur
ce point et faire en somme une sorte de sondage
d'opinion. Le fait est, malheureusement, que cela
n'a pas été souvent réalisé. Les monographies sur
telle ou telle peuplade ne nous apportent pas la
réponse à notre question.

Lorsque je vivais chez les Indiens du Nouveau-
Mexique, ce problème me préoccupait déjà, et il
m'est arrivé fréquemment de provoquer avec ces

Peaux-Rouges des conversations qui, directement ou indirectement, tendaient à leur faire exprimer leur opinion sur ce sujet. Les mots anglais *happy* et *happiness* ont pour eux une signification apparemment aussi nette que pour nous, ce qui n'est d'ailleurs pas beaucoup dire, car il s'agit justement d'un concept qui est obscur pour tout le monde. Mais un mot n'a pas toujours besoin d'être clair et bien défini pour avoir un sens. Il en est qui parlent surtout par les évocations qu'ils suscitent, par le halo qui les entoure. Bref, il n'était pas plus difficile d'enquêter sur le bonheur chez les Zuñis qu'il ne le serait ailleurs.

Ce qu'on voudrait demander avant toute chose à l'ethnographie, c'est si justement tous les peuples, toutes les sociétés sont aptes à trouver une signification au mot bonheur ou à ceux qui le traduisent dans d'autres langues. Il est sûr que les notions de chance et de malchance sont à peu près universellement répandues. Et, dans bien des cas, la magie se réduit à une technique pour obtenir la première ou écarter la seconde. La multiplication des rites et des croyances à ce sujet prouve que c'est là une préoccupation très importante et parfois même obsessionnelle. Le sauvage qui se couvre d'amulettes manifeste bien qu'à tout instant il veut se sentir protégé contre les coups du sort. Lévy-Bruhl a montré d'autre part que la passion pour les jeux de hasard chez les primitifs s'explique de la même façon. Dans certaines tribus on voit les gens passer leur temps à risquer tout ce qu'ils possèdent et jouer jusqu'à leurs femmes et leurs enfants. Pourquoi ? Ce n'est pas tellement pour l'appât du gain, mais pour savoir si la chance est avec eux. Rien ne leur paraît plus important que d'être heureux à la chasse, à la pêche, en amour et dans toutes leurs entreprises. C'est tout naturel : ils savent que tout ce qui leur arrive dans leur vie ne dépend pas entièrement d'eux. Ils attribuent cette marge d'incertitude aux puissances surnaturelles, comme nous la mettons sur le compte du hasard. Ils cherchent donc à se concilier par tous les moyens ces forces invisibles qui les font réussir ou échouer en toutes choses. L'homme qui va à la pêche pour nourrir sa famille n'est pas certain d'attraper beaucoup de poissons ; mais il est sûr qu'il le désire. Alors, non seulement il fait de son mieux pour y parvenir par une technique positive, en se procurant des hameçons bien faits, en se dissimulant pour ne pas effrayer les animaux aquatiques, mais encore il accomplit des rites magiques pour que les influences occultes le favorisent.

Tous les hommes, même les plus primitifs, et surtout eux peut-être, ont par conséquent un sens aigu des conditions extérieures de la chance et de la malchance. Mais, nous l'avons vu, cela ne correspond qu'à une partie des significations que recouvre pour nous la notion de bonheur. Car nous qui philosophons, nous pensons qu'il ne suffit pas d'être heureux à la chasse ou en amour pour être heureux tout court. Nous savons qu'un homme comblé par le sort peut être malheureux, bien qu'il ait en somme tout pour ne l'être pas. Il y a pour nous des conditions intérieures du bonheur. Or les primitifs ont généralement tendance à assimiler celles-ci aux conditions extérieures, à les attribuer aussi à la chance, c'est-à-dire à l'influence occulte des puissances surnaturelles. Pour eux, un individu qui reste morne et morose même quand il est comblé par le sort dans tout ce qu'il entreprend doit être victime de quelque mauvais esprit ou d'une sorcellerie, tout comme celui qui échoue dans toutes ses affaires. Il a besoin d'amulettes, d'exorcismes, de magie.

Bref, on peut dire que la mentalité primitive, telle que l'a étudiée un Lévy-Bruhl, met vigoureusement l'accent sur les circonstances objectives du bonheur en l'assimilant totalement à la chance, mais exclut par là-même la notion de bonheur telle que nous l'entendons, c'est-à-dire ce qui en est le « secret », la signification profonde.

N'oublions pas, cependant, que Lévy-Bruhl a pris soin de distinguer plusieurs degrés dans la primitivité. Au-dessus du niveau le plus « sauvage » représenté entre autres par les Australiens qui ne distinguent pas le sujet de son environnement ni le réel du surnaturel, il y a le stade déjà plus évolué des peuples qui, comme les Polynésiens ou les Indiens d'Amérique, séparent le symbole de la chose signifiée, le sujet pensant de l'objet pensé, le Moi de la situation où il se trouve. A ce stade, la magie permettant d'écarter la malchance conserve son importance, mais il n'est pas impossible que l'on s'avise des différentes estimations possibles d'une même circonstance et du fait que les événements heureux amenés par les forces surnaturelles ne font pas nécessairement l'homme vraiment heureux.

Cette évolution n'est pas sans rapport avec celle que nous avions notée à propos des idées sur la vie future et le paradis. Dans les sociétés archaïques, il est fréquent, disions-nous, que l'immortalité et le bonheur dans l'au-delà soient réservés à ceux qui sont déjà des privilégiés sur terre, tandis que le *vulgum pecus* n'a droit, après la mort, qu'au néant ou à un sort misérable. Là encore, le bonheur se confond avec la chance. Ceux que le sort a favorisés en leur donnant la réussite sociale ne peuvent qu'être heureux éternellement. Il a fallu de véritables révolutions morales pour que cesse le scandale du paradis pour les heureux et de l'espoir interdit aux petites gens. Dans l'Égypte ancienne, notamment, à la suite des graves désordres qui se produisirent sous les dynasties hérakléopolitaines, l'autorité ne put être restaurée par le Moyen Empire qu'au prix d'une démocratisation qui fut non pas politique, mais sociale et religieuse : en adoptant la doctrine osirienne, les pharaons ouvraient à la plèbe un paradis qui était jusqu'alors réservé aux grands. Désormais, tout homme pouvait espérer accéder au royaume paisible des morts en apprenant quelques formules sacrées.

On se demande si pour concevoir le bonheur ici-bas, tout comme pour espérer l'entrée dans le paradis, il ne faut pas avoir déjà franchi un seuil au-delà de la misère et du dénuement total. Le séjour bienheureux des trépassés était au-delà des espérances d'une certaine catégorie d'hommes. De même, il se peut que le bonheur soit pour ces mêmes déshérités un luxe de riches auquel on n'a même pas envie de songer.

Car enfin, si les petites gens de l'Ancien Empire égyptien avaient fait entrer dans leurs rêves et même dans leurs pensées la vie éternelle qui était promise à leurs chefs, ils n'auraient pas pu attendre si longtemps la révolution osirienne.

Pour le bonheur, l'évolution est sans doute la même, avec une nuance différente pourtant. C'est qu'il est visible sur terre. Et lorsque les malheureux voient à côté d'eux d'autres hommes mieux favorisés, il leur est bien difficile de ne pas imaginer un sort meilleur. Le problème est ailleurs, et, ici, la révolution commence lorsqu'on se met à réfléchir et à estimer qu'il importe pour tout individu de s'approcher d'un certain état idéal, c'est-à-dire d'une existence dont il puisse être satisfait. Plus précisément, on sort de la préhistoire du bonheur pour entrer dans son histoire à partir du moment où les hommes prennent en considération non pas seulement les circonstances heureuses et malheureuses de leur vie ou les forces extérieures qui en peuvent être la cause, mais aussi le jugement de valeur qu'ils portent eux-mêmes sur ces circonstances et sur leur manière de les accueillir.

Il est assez naturel que, du premier stade au second, la charnière se place à peu près au point où, comme nous le disions, Lévy-Bruhl voyait le passage de la pure primitivité à l'archaïsme déjà évolué, où le sujet se distingue déjà de sa situation. Cela nous renvoie évidemment, dans l'évolution générale des sociétés, à un moment beaucoup moins ancien que celui où l'individu se sent assez différent de son propre sort pour estimer que le malheur sur terre ne doit pas interdire l'espérance dans la vie future. En effet, il était plus facile de constater toute la différence entre le bonheur vécu et la chance que de voir le caractère inessentiel des différences de fortune. L'entrée en jeu de la notion du bonheur n'impliquait pas d'emblée un bouleversement des structures sociales comme la démocratisation du paradis.

Donc, les Indiens d'Amérique et les Polynésiens devraient représenter à peu près le stade de civilisation où le bonheur devient une notion qui joue un rôle dans la pensée des hommes et leur comportement. C'est d'ailleurs aussi, en gros, ce qui correspond dans la préhistoire à l'époque néolithique, celle que l'ethnologue Lévi-Strauss estime la plus proche du modèle idéal de la société humaine, la plus naturelle possible. Autrement dit, ces primitifs déjà fort éloignés du point de départ paléolithique où stagnent encore plus ou moins les tribus australiennes, représenteraient ce que l'humanité organisée en groupes pouvait produire de plus achevé aussi longtemps que sa pensée demeurait à l'état sauvage et n'était pas domestiquée par l'intelligence scientifique abstraite. Le « paradoxe du néolithique », selon cet auteur, s'explique par le fait que les civilisations de ce genre ont évolué sous l'influence de la seule « pensée sauvage », intuitivement branchée sur la nature. Cette pensée, d'ailleurs, subsiste encore en nous, mais refoulée par une éducation qui la dévoie pour en accroître le rendement [1].

Si l'on veut saisir sur le vif ce que devient l'idée du bonheur dans une société assez évoluée pour la concevoir mais aussi différente que possible de notre société de consommation, il semble donc indiqué de se tourner vers les peuples qui ont assez bien conservé une forme de civilisation se rapprochant du modèle néolithique, c'est-à-dire vers des tribus relativement archaïques mais parvenues au stade de l'agriculture ou de l'élevage.

Les Indiens du Nouveau-Mexique, à ce titre, sont particulièrement dignes d'intérêt. D'abord, jusqu'à ces dernières années, ils sont restés fidèles au style de vie qui était celui de leurs ancêtres précolombiens. D'autre part leur situation géographique en fait des îlots néolithiques disséminés dans un pays moderne, dans une civilisation qui est particulièrement marquée par la culture de masse. Les contacts entre ces Peaux-Rouges et les Blancs yankees étaient assez nombreux pour que les premiers puissent faire des comparaisons utiles entre leurs traditions et le modernisme ; et cependant, à l'intérieur des réserves ou des villages, contrairement à ce qui se produit dans d'autres régions des États-Unis, ils avaient pu garder encore une manière de penser, de sentir et de se comporter qui, selon l'expression de Lévi-Strauss, est celle

1. C. Lévi-Strauss, *Tristes tropiques* (Édit. Plon, 1958), p. 44, et *La Pensée sauvage* (Édit. Plon, 1962), p. 24.

de « la pensée sauvage ». Enfin, dans ce même territoire, voisinent des tribus extrêmement différentes, ce qui permet d'observer, à l'intérieur d'un type de culture, des variantes remarquables.

C'est un monde étrangement varié, celui des petites collectivités vivant dans le site grandiose des terres rouges, des montagnes abruptes et des déserts, qui fut enlevé au Mexique par les États-Unis. Considérons uniquement, pour simplifier, les deux groupes de tribus indiennes qui, sur ce territoire, diffèrent le plus les unes des autres : les Pueblos et les Athapascans. Les premiers, depuis des temps immémoriaux, vivent dans des villages bien construits qui surprirent les premiers conquérants européens par leurs maisons à plusieurs étages. Ce sont des agriculteurs qui savent irriguer la terre pour obtenir de bonnes récoltes de maïs. Parmi les tribus pueblos, celle des Zuñis est particulièrement bien connue des ethnographes, depuis longtemps. Les Indiens de langue athapascane, représentés surtout par les Apaches et les Navahos, sont au contraire des pasteurs nomades dont les huttes assez rudimentaires essaiment dans le désert.

En prenant pour exemples les Zuñis et les Navahos, on peut voir quelles sont, dans une forme de civilisation orientée autrement que la nôtre, les tendances les plus opposées. Chez les uns et chez les autres, comme on l'a dit, les mots correspondant à ce que nous appelons le bonheur ont un sens, et peuvent être le sujet de conversations instructives.

Les Zuñis sont les plus aptes à comprendre ces problèmes [1]. Dans le monde des Peaux-Rouges, ils jouent en effet depuis des siècles le rôle qui était

1. E. Albert et J. Cazeneuve, « La philosophie des Indiens Zuñis (in *Revue de Psychologie des Peuples*, 2ᵉ trimestre 1956), et J. Cazeneuve, *Les Dieux dansent à Cibola* (Édit. Gallimard, 1957).

dévolu aux Athéniens dans notre monde antique.
S'ils avaient eux aussi inventé l'écriture à l'apogée
de leur civilisation, qui se situe bien avant l'arrivée
des Blancs en Amérique, nul doute qu'ils auraient
produit une littérature et une philosophie dignes de
survivre. Les Zuñis aiment la discussion et les échanges
d'idées, à la condition toutefois qu'on n'effleure
pas le domaine tabou des secrets de leur religion.
Leurs rapports avec les Blancs sont cordiaux,
pourvu qu'on ne se mêle pas de leurs affaires et
qu'on leur permette de vivre comme ils l'entendent,
c'est-à-dire comme le faisaient leurs ancêtres. La
coexistence avec la civilisation américaine leur a
fait prendre plus vigoureusement conscience des
valeurs traditionnelles auxquelles ils sont attachés,
et la comparaison leur semble tourner à leur avantage. Pour notre culture moderne, ils professent, si
l'on peut ainsi s'exprimer, un respect poli nuancé
de mépris. Ils sont convaincus de détenir depuis
des générations les meilleures règles de vie. Or quelle
place occupe la notion de bonheur dans leur façon
de vivre traditionnelle, et de quoi est-elle faite ?

Elle est essentiellement collective. L'homme heureux n'est pas celui qui se différencie de la masse,
mais celui qui vit en harmonie avec toute la tribu
et même avec la nature tout entière. Il faut donc
bannir l'ambition, l'égoïsme et l'agressivité. Les
Américains, que les Zuñis préfèrent cependant aux
Espagnols, ne peuvent pas être heureux, car ils
veulent toujours dominer.

Il y a bien sûr, dans l'existence, des malheurs
auxquels on ne peut échapper. Il faut compter sur
les dieux pour les réduire au minimum et, de toute
façon, se résigner à l'inévitable. L'optimisme est
une vertu cardinale. D'ailleurs, les hommes sont
en grande partie maîtres de leur destin. Il leur appartient de prendre telle ou telle voie. La longue route

n'est accordée qu'à ceux qui prient, tandis que les impies et les sorciers ont une vie courte. D'autre part, il y a la mauvaise route, celle des hommes qui ne s'entendent pas avec les autres et sont égoïstes, et la bonne route, que suivent les gens industrieux et solidaires des autres.

L'homme heureux, pour les Zuñis, est celui qui réalise en toute chose la juste mesure. Il est travailleur mais ne s'use pas à la besogne. Riche, mais point trop cependant, de sorte qu'il n'attire pas la malveillance des envieux. Ce n'est pas la réussite qui fait le bonheur, car un succès trop grand est inquiétant. C'est plutôt l'équilibre, la réunion harmonieuse de plusieurs valeurs moyennes qui définissent ce qui est bon (*kahk shee*), le beau, l'utile, l'agréable, et ce qui est précieux pour l'homme (*tehya*). Aisé, entouré de nombreux amis, jouissant paisiblement de son bien, passant une partie de son temps à honorer les dieux et à danser dans les fêtes, le sage zuñi connaît l'euphrasie, le bien-être du corps et de l'esprit. Tel doit être en particulier le prêtre, modèle pour les autres hommes. Tels sont aussi les dieux les plus vénérés qui vivent au fond d'un lac, dans l'harmonie parfaite. Il faut, pour être heureux, jouir de ce qui est normal, sans excès dans un sens ou dans un autre. Et le bonheur de l'individu ne va pas sans le bonheur de tout le peuple.

On comprend que l'anthropologue Ruth Benedict, dans un livre qui est resté célèbre [1], ait cité les Zuñis comme l'exemple le plus typique des civilisations qu'elle nomme apolliniennes, en les opposant à celles qui sont dionysiennes, dévorées par des passions violentes. C'est en somme la devise du μηδέν ἄγαν, du juste milieu, en contraste avec l'ὕβρις, le goût pour les excès. Les Navahos, précisément,

---

1. R. Benedict, *Échantillons de civilisation* (Édit. Gallimard).

ont un long héritage dionysien derrière eux. Ces voisins des Zuñis n'apprécient guère la mesure et la tranquillité. Quand on parle avec eux, on s'aperçoit qu'à la différence de leurs voisins ils ont des idées plus nettes sur le malheur que sur le bonheur. Cela tient à leur histoire. La tribu zuñi, elle, n'a jamais quitté son sol, depuis que, vers le xie siècle probablement, ses ancêtres la fixèrent à l'endroit où s'élève le village actuellement habité par ces Indiens, et où était, pensaient-ils, le centre du monde. Au contraire, les Navahos n'ont jamais connu de repos. Autrefois, ils vivaient de l'agriculture et de l'élevage, mais tiraient leurs principales ressources du pillage de leurs voisins villageois. L'arrivée des Blancs ne les assagit pas tout de suite. L'adoption du cheval les rendit plus nomades, et longtemps ils échappèrent presque totalement à l'autorité des Espagnols, puis des Yankees. Enfin, quand on se décida à les soumettre, ils opposèrent une résistance acharnée, héroïque et sauvage, qui leur valut d'être durement châtiés par leur vainqueur, le général Kit Carson. Chassés de leur pays, contraints de parcourir un long chemin au cours d'une marche pénible et mortelle pour beaucoup d'entre eux, puis tenus longtemps captifs dans le plus complet dénuement, ils vivent maintenant assez misérablement sur une terre ingrate. Plus de pillages ni de razzias ; ils sont contraints et résignés à une existence morne et paisible.

Pourtant, ils ne veulent pas disparaître. C'est même, dans ce pays, la tribu qui augmente le plus en nombre. Après la punition qui suivit leur défaite de 1863, les Navahos n'étaient guère plus de dix mille survivants. Dès 1950, ils dépassaient le chiffre de soixante mille, et maintenant ils sont plus de cent mille.

Leur idéal s'alimente à trois sources. D'abord la

tradition ancestrale que maintiennent les rites : ces fils de guerriers gardent le regret de la vie belliqueuse. D'autre part, l'influence des tribus voisines, celle des Pueblos, des Zuñis en particulier, dont le sort fut plus heureux. Enfin, les conditions actuelles de l'existence tribale : la nécessité de s'adapter au monde moderne, d'accepter la pacification et même l'humiliation. Aussi bien la notion du bonheur chez les Navahos est-elle à la fois complexe et effacée.

Elle n'apparaît pas clairement dans les conversations qu'on peut avoir avec ces pauvres gens, même quand on les oriente sur ce sujet. Pour savoir le rôle qu'une telle idée, sans être évoquée clairement, peut jouer dans le cœur des Navahos, il faut avoir éprouvé avec intensité l'impression d'un contact avec l'âme de cette tribu. C'est ce qui arrive quand on passe une nuit d'hiver à la lueur des feux qui éclairent la cérémonie Yebitchai. On a beau venir là en ethnographe, s'astreindre à noter tous les détails des masques et des costumes, à ne rien laisser échapper des gestes rituels, on sent que l'essentiel est au-delà de ce qu'on voit.

Est-ce le décor qui suggère le message ineffable du peuple rassemblé ? Les Navahos habitent un pays dantesque : désert entrecoupé de forêts, parsemé de rochers énormes aux formes fabuleuses qui évoquent des bateaux, des cathédrales, des arcs de triomphe ou des fenêtres sur le vide, comme celui auquel Window Rock, l'infime capitale de la « réserve », doit son nom. On ne s'étonne pas que les Indiens les aient peuplés de divinités plus ou moins dociles aux incantations des magiciens. N'est-ce pas aussi la foule bigarrée des Navahos eux-mêmes qui, par son recueillement, témoigne de sa croyance en une force mystérieuse évoquée par le culte, celle-là même, bien sûr, qui lui fait surmonter son destin malheureux ? Bien que le rite se célèbre au plus fort de l'hiver, ces Peaux-Rouges sont généralement, pour chaque Yebitchai, réunis à plusieurs centaines, hommes, femmes, enfants, venus des campements voisins, qui veillent jusqu'à l'aube, à la belle étoile, pour assister aux danses.

La grande nuit Yebitchai est la dernière phase et le point culminant d'une cérémonie fort compliquée qui dure dix journées entières, sous la direction d'un magicien, le *hatali*, et dont l'objet est à la fois l'évocation des génies de la nature, les Yei, et la guérison d'un malade. Les danses de la dernière veillée se déroulent en plein air, sur un terre-plein aménagé devant la hutte consacrée à la lueur d'immenses bûchers. Elles sont accomplies par plusieurs équipes qui se succèdent par roulement jusqu'à l'aube. Le danseur qui personnifie le dieu Yebitchai est affublé d'un masque bleu surmonté d'un éventail de plumes d'aigle. Il est accompagné d'un clown représentant Tonenili, le dieu de l'eau, et de douze figurants masqués qui gardent le torse nu. La chorégraphie et les chants sont minutieusement réglés. L'ensemble, qui est répété quatre fois par chaque équipe et repris de même par la suivante, toute la nuit, avec seulement quelques contrastes, s'appelle le Naakai. Il comporte plusieurs figures soit en lignes, soit par paires ou en quadrille. Le chant qui accompagne ce ballet est sans doute le plus sauvage qui se puisse entendre. Il est fait de syllabes dépourvues de sens, à l'exception d'une courte strophe qui signifie : « La pluie tombe, le maïs pousse. » Certains danseurs psalmodient sur un ton grave, cependant que d'autres, ceux qui incarnent des génies féminins, chantent en voix de fausset. L'ensemble est strident et ressemble à l'aboiement d'une meute. Quant à Tonenili, le clown, il amuse la galerie en évoluant à contretemps, en se moquant des autres, en jouant avec une vieille peau de renard qu'il feint

de perdre et de chercher comme un objet très précieux.
Ou bien encore il parodie Yebitchai, bombe le torse
et se frappe la poitrine pour montrer qu'il se croit
aussi important que le grand Dieu. Parfois, les spectateurs lui jettent de l'eau.

Tout se mêle dans cette danse Naakai : le sérieux et
le burlesque, la sauvagerie des chants, des déguise-
ments, et l'ordonnance parfaite d'un ballet savant.
C'est cela sans doute qui donne au public sa sérénité : les Indiens trouvent là l'expression de leur
âme ancestrale. Car, de tout temps, la religion et
la philosophie des Navahos ont été une recherche
de l'harmonie dans les contrastes violents, une lutte
pour surmonter les contradictions dans la nature
et dans les cœurs, et non point pour les effacer dans
un juste milieu paisible, à la manière des Zuñis.
De même, l'histoire de cette tribu nomade est une
longue suite d'entreprises guerrières entrecoupées
de repos joyeux. Elle est encore une lutte, mais
non point avec des armes contre un ennemi visible.
Aujourd'hui, c'est contre le malheur et le désespoir
qu'il faut se mesurer.

Dans la nuit glacée qu'humanisent les feux de
bois, le Naakai se répète inlassablement. Pendant
les entractes, les spectateurs somnolent ou bavar-
dent par petits groupes. Le Yebitchai est pour beaucoup une occasion de se retrouver. Cette foule est
pittoresque et colorée. Les hommes, coiffés du grand
chapeau des cow-boys, se drapent dans des couver-
tures bigarrées. Les femmes ont revêtu leurs beaux
atours. Il n'est presque personne qui ne soit, malgré
la pauvreté, couvert de bijoux d'argent et de tur-
quoise. Sur les visages souvent impassibles, on lit
une étrange félicité. Malgré le froid, c'est un bonheur
pour tous d'être là, de sentir revivre l'esprit de la
tribu. La fierté illumine aussi les regards et ravive
une confiance que chacun conserve, sans raison

peut-être, dans les destinées du peuple navaho.

Lorsque se lève enfin l'étoile du matin, tous les dieux personnifiés par les danseurs, les Yei, sont censés se rassembler pour monter au ciel. Alors, on entonne en chœur le « chant de l'oiseau bleu ». Quand il est terminé, tous les spectateurs se dispersent et se hâtent d'arriver dans leurs demeures avant que brille le premier rayon du soleil, pour apporter chez eux, intacts, les effluves bienfaisants dont ils se sont imprégnés en assistant à la cérémonie. Car non seulement le rituel yebitchai sert à guérir le malade pour qui on le célèbre ; mais encore il donne le bonheur à tous ceux qui y assistent. Aussi est-ce toujours une véritable fête populaire, où règne un esprit de concorde et de piété. Tout le monde est là détendu. Les jeunes, ceux qui ont été soldats pendant la Guerre mondiale, ne croient plus beaucoup aux divinités de la nature, mais ils continuent de participer aux cérémonies traditionnelles pour y trouver un réconfort moral.

Leur besoin de consolation les pousse dans de nombreuses voies. Les uns sont tentés par la religion des Blancs, celle des Mormons en particulier, ou bien par les nouveaux cultes indiens, tels que le peyotisme, sans pour autant délaisser les vieilles cérémonies tribales. D'autres, hélas, cherchent l'oubli de leurs misères dans le vin et le whisky. Naguère, une loi faisait défense aux Peaux-Rouges de l'Arizona et du Nouveau-Mexique d'aller dans les cafés et de boire de l'alcool. Elle n'était guère respectée, et l'on finit par l'abroger. Les efforts des autorités indiennes pour limiter elles-mêmes les ravages de l'alcoolisme sont peu efficaces. Beaucoup de Navahos sont incapables de résister à leur passion : quand ils ont pu acheter une bouteille, ils la vident sans attendre.

L'exemple des Navahos est, à bien des égards,

l'inverse de celui des Zuñis. Ceux-ci croient détenir la meilleure formule du bonheur, et le principe en est le juste milieu, la modération. Leurs voisins nomades, au contraire, sont l'image d'un peuple qui se sent malheureux, qui a besoin du bonheur mais ne sait même pas dans quelle voie le chercher, puisque lui est interdite la vie ardente et violente qui faisait la joie de ses ancêtres.

Quand on se penche sur ces problèmes, si instructifs pour nous, du bonheur dans les sociétés archaïques rendues conscientes de leur destin par le contact avec le monde moderne, on est toujours plus ou moins amené à retrouver l'antithèse entre les civilisations apolliniennes et les dionysiennes. Mais il faut bien prendre garde qu'à vrai dire les premières seules sont en quête du bonheur, tandis que les secondes trouvent plutôt leur satisfaction dans une sorte de joie sauvage.

Autrement dit, ce serait probablement une erreur de parler d'un bonheur apollinien paisible et d'un bonheur dionysien car ce dernier serait un peu une contradiction dans les termes. C'est la joie qui peut être dionysienne. Cela ne veut pas dire que les peuples dionysiens n'ont jamais une notion du bonheur ; mais elle n'est pas leur attrait principal, ni surtout leur caractéristique.

En effet, les peuples qui correspondent à ce second type de civilisation sont toujours à la recherche des moments de paroxysme. Leurs cérémonies ont une expression ou une harmonisation de la violence, souvent même elles visent à l'extase, à la transe, c'est-à-dire à une sorte d'ivresse qui rend impossible la prise de conscience liée à ce jugement de valeur dont est faite en partie la notion de bonheur. Leur culture tout entière est de caractère agonistique. Or la lutte, tant qu'elle se déroule, empêche le retour sur soi, la pause nécessaire permettant de dire : « Je suis heureux. » Et l'on s'aperçoit justement de cette carence lorsque, les possibilités de la vie violente ayant disparu, le peuple dionysien se trouve dépouvu d'un idéal, mais contraint, par sa vitalité même, à en chercher un.

Ainsi, pour les Navahos, l'image des temps passés, que ressuscitent les cérémonies rituelles comme le Yebitchai, paraît être celle d'un paradis perdu. C'est qu'en effet l'existence aventureuse et combative, si elle n'est pas à proprement parler heureuse au moment qu'elle est vécue, devient après coup un archétype de l'euphorie quand on en éprouve le regret. En somme, le bonheur, pour les sociétés dionysiennes, est le reflux d'une vague de fond. Il n'est possible que dans la nostalgie, non point dans le présent ou le futur. Car le présent, c'est l'étourdissement, l'inconscience. Et le futur, c'est encore la lutte

Faisons le bilan. Les sociétés primitives sont trop dominées par le sentiment des forces surnaturelles pour intérioriser leur destin. C'est seulement lorsqu'elles deviennent un peu prométhéennes et s'engagent dans l'histoire qu'elles peuvent avoir une certaine idée du bonheur. Le contact avec le monde moderne leur en fournit, notamment, l'occasion. Mais alors, il faut faire entre elles une distinction qui rejoint celle de Ruth Benedict. D'une part, les peuples apolliniens recherchent consciemment un équilibre qui représente pour eux la félicité collective. D'autre part, les tribus dionysiennes, aussi longtemps qu'elles peuvent mener leur existence inquiète, cueillent au passage des joies fulgurantes, mais ne se préoccupent guère d'être heureuses. Après coup seulement, lorsque cet élan est retombé, elles en gardent un souvenir qu'elles assimilent à un éden perdu, et elles éprouvent l'intense besoin de se forger, pour l'avenir, un idéal de bonheur qu'elles ne savent sur quoi fonder.

Les deux exemples que nous avons pris, Zuñis et Navahos, rapprochés par la géographie et l'ethnologie, nous ont fait voir les extrémités entre lesquelles s'écartèle la notion de bonheur : immuabilité paisible dans un monotone présent ; regret d'un passé qui ne devient heureux que dans le souvenir ; recherche douloureuse d'un insaisissable idéal pour l'avenir. Et, aussi, l'effacement de la notion du bonheur dans le moment même où se déroule la vie aventureuse.

Bien entendu, si l'on étudiait l'histoire de la plupart des civilisations, on s'apercevrait que ces distinctions n'apparaissent pas toujours aussi nettement, surtout lorsqu'il s'agit de sociétés plus vastes et complexes que les petites tribus d'Indiens. En général, en effet, l'apollinien et le dionysien se mêlent à tout moment, de sorte que cette distinction même perd en apparence son intérêt dans le contexte actuel. Pourtant, il reste vrai que, de ces deux tendances, c'est l'une ou l'autre qui prédomine. Et, surtout, il n'était pas inutile d'examiner avec ce critère les sociétés archaïques, pour y trouver la preuve qu'à l'échelle du groupe comme au niveau de l'individu, on rencontre au fond les mêmes métamorphoses du passé au présent, du présent à l'avenir, et qu'on se heurte surtout aux mêmes contradictions.

En effet, le bonheur présent ne paraît vraiment important que pour les sociétés apolliniennes, puisqu'il ne préoccupe les autres que dans la mesure où elles sont bloquées dans leur marche et condamnées au malheur. Mais, en réalité, en quoi consiste cet idéal chez les apolliniens, par exemple ? Dans un renoncement au devenir, dans la stagnation. C'est sans doute pourquoi, d'ailleurs, la tribu zuñi se trouve actuellement déchirée entre quelques jeunes novateurs qui veulent adopter la civilisation moderne et finalement sont obligés de quitter le village, et d'autre part, des éléments rétrogrades qui s'efforcent d'empêcher toute évolution, pour préserver justement de toute atteinte la quiétude du peuple. Au contraire, les Navahos s'ouvrent plus facilement à tous les courants nouveaux ; ils sont même avides de tout ce qui pourrait les faire sortir de leur enlisement. Or, l'idéal de l'immobilité mène à l'inconscience et, sur le plan collectif, conduit à fuir l'histoire, à se réfugier dans l'archaïsme total, c'est-à-dire, à exclure les fondements de la notion de bonheur.

Finalement, les contradictions se retrouvent à tous les niveaux, entre les conditions du bonheur et celles de la conscience qu'on peut avoir d'un certain bonheur. C'est pourquoi, d'une manière ou d'une autre, la notion éclate entre le passé, l'avenir et un présent qui se veut intemporel.

On pourrait, après ce bilan décevant, se demander si, en définitive, on ne fausse pas le problème en le posant sur le plan de la sociologie, au lieu de rester dans l'absolu.

Après tout, même si chaque peuple, chaque groupe a sa conception particulière du problème et sa manière de l'envisager, cela n'empêche peut-être pas que chacune de ces manières de voir apparaissent à ceux qui l'adoptent comme pouvant s'appliquer à tous. Mon idéal n'est pas celui de mon voisin, parce que je ne suis pas dans la même situation que lui ; mais je puis en conclure que c'est lui qui est mal placé pour bien voir, et qu'en définitive ce que je pense devrait être valable pour tous. Il n'y aurait alors, pour l'humanité en général, qu'une manière d'être heureux, et il faudrait en revenir aux idées éternelles, en se référant à la condition humaine en général, non pas aux fluctuations de la vie sociale.

Mais si nous voulons donner à notre réflexion une forme concrète, nous nous apercevons qu'il n'en est pas ainsi. L'évaluation d'une situation ne peut pas être tout à fait indépendante de celle-ci. Il suffit, pour s'en convaincre, d'exercer son imagination sur des réalités différentes de celles qu'on voit autour de soi.

Par exemple, pour porter le contraste à ses extrêmes, j'évoque nos plus lointains ancêtres, les hommes du paléolithique, ceux de Cro-Magnon, de Grimaldi, de Chancelade. C'étaient déjà des représentants de l'*homo sapiens*, non plus des êtres encore simiesques, comme leurs cousins disparus de Neanderthal. De vrais échantillons de la nature humaine, de celle dont on parle quand on bâtit des théories sur l'absolu, sur le bonheur en soi. Je les vois tels qu'ils pouvaient être, il y a quelques dizaines de milliers d'années, partant à la chasse avec leurs armes d'os ou de pierres et puis rentrant dans leurs abris pour y chercher un peu de chaleur. La lutte pour la vie, la recherche d'une sécurité précaire suffisaient sans doute à occuper leurs esprits, et l'on peut penser qu'ils n'avaient guère le loisir de philosopher sur la béatitude. Mais enfin étaient-ils tous et sans cesse réellement malheureux ? Non, bien sûr, puisqu'ils voulaient subsister. Je puis très bien imaginer un homme des cavernes heureux. Cela n'est pas inconcevable. Mais alors, si l'idée du bonheur n'est pas relative, cela veut dire qu'à la place de cet individu vêtu de peaux de bête je pourrais moi-même me trouver satisfait et, sachant ce que cela veut dire, me déclarer heureux.

Non, vraiment, je ne puis aller jusque-là. Par conséquent j'admets à la fois que mon ancêtre de Cro-Magnon pouvait n'être pas nécessairement toujours malheureux, mais que je le serais sûrement si l'on me condamnait à vivre comme lui jusqu'à la fin de mes jours. Cela signifie qu'au fond l'idée du bonheur, dès que j'essaie de l'illustrer par des figures différentes, est manifestement relative.

Inutile d'ailleurs d'aller chercher si loin les comparaisons. Des expériences plus banales nous font voir que la notion et l'idéal changent suivant les situations sociales, et qu'alors nous pouvons estimer des personnes heureuses en leur prêtant une manière de voir qui ne saurait être la nôtre, c'est-à-dire en constatant que nous serions malheureux si nous étions à leur place. C'est ce que démontre la fable du savetier et du financier. Le premier croit faire une aubaine en acceptant les écus qu'on lui donne, car certainement il s'imaginait que les gens riches étaient plus heureux que lui. Bien vite, il déchante, au sens propre du mot. Mais nous aimerions savoir ce que donnerait l'échange dans l'autre sens, le financier renonçant à tout son or pour devenir savetier, comme cet homme qu'il croyait si joyeux. Essayons de l'imaginer, et parions qu'avant longtemps le grand bourgeois quitterait l'échoppe pour reprendre sa vie fastueuse. Et puisque cette histoire n'est pas suivie d'une « morale », proposons celle-ci :

> *Quoiqu'il n'ait rien, votre semblable*
> *Paraît heureux et vous l'enviez.*
> *Mais ce bonheur, si vous l'aviez,*
> *Vous serait vite insupportable.*

Le bon Virgile était sans doute dupe des mêmes apparences quand il chantait les délices de la vie champêtre. « *O fortunatos nimium...* O trop heureux les laboureurs, s'ils connaissaient leur bonheur. » Les lycéens qui traduisent ces vers fameux depuis des générations manquent rarement de se demander pourquoi le poète de Mantoue n'avait pas laissé la ville pour aller pousser la charrue, puisqu'il trouvait si plaisante la condition des campagnards. Cette pensée est aussi stupide qu'irrévérencieuse. En fait, on peut très bien concevoir que telle situation sociale favorise une certaine forme de bonheur, tout en sachant fort bien qu'on n'est pas soi-même capable de l'accepter, parce qu'on a été formé dans un autre milieu.

C'est pourquoi, sans doute, il faut avoir quelque indulgence pour les vedettes de cinéma qui se plaignent des inconvénients d'une célébrité qu'elles ont pourtant recherchée par tous les moyens.

TROISIÈME PARTIE

*Le bonheur des uns
et le paradis des autres*

CHAPITRE IX

Typologie du bonheur

Voici le problème ramené à ses dimensions et, plus encore, à son principe sociologiques. Non seulement la possibilité d'être heureux peut varier selon les contextes sociaux, mais l'idée même qu'on se fait du bonheur est inséparable de l'éducation, de la formation d'esprit qu'on a reçues et, par conséquent, du milieu dans lequel on vit, du groupe auquel on appartient. Cela ne signifie pas, certes, que tous les individus de même culture ont le même idéal ; mais il y a entre eux des convergences manifestes, malgré les différences, et surtout on peut dire que certaines conceptions du bonheur ou même certaines diversités de ces conceptions sont propres à tel cadre social ou au contraire impensables dans tel autre.

Est-ce à dire que, du même coup, on doive repousser comme inconsistantes les définitions philosophiques qui ne tiennent pas compte de cette relativité ? Il serait plus exact de les y intégrer. Ainsi, les grands penseurs de l'Antiquité classique, platoniciens ou aristotéliciens, définissaient le bonheur dans l'absolu comme la fin suprême de l'existence, l'adhésion de l'être à un ordre à la fois rationnel et moral, cosmique et humain, transcendant selon Platon, immanent selon Aristote. De toute manière, comme l'a bien montré Raymond Polin [1], le bonheur

1. R. Polin, *Le Bonheur considéré comme l'un des beaux-arts* (P. U. F., 1965), chap. I.

se trouve ainsi dégagé de toute implication avec une situation particulière ; il est la recherche d'un accord ou d'une harmonie entre l'homme et le monde dans l'identification avec le Bien, qui lui-même est au-dessus des contingences. Or, cette manière de voir, qui ne laisse ouverte aucune perspective sociologique, peut très bien être considérée comme particulièrement conforme au milieu culturel dans lequel vivaient les philosophes grecs. Dans ce cas, on le voit, la définition du bonheur comme un absolu ou, si l'on préfère, la définition asociologique ou antisociologique du bonheur est un des éléments que le sociologue devra prendre en considération, une des attitudes qu'il s'efforcera de rattacher à un cadre social. On pourrait dire qu'il y a des civilisations à vocation opportuniste et d'autres qui sont portées vers l'absolu. Cette alternative est donc elle-même d'ordre sociologique.

Pour étudier dans quelle mesure les divers cadres sociaux favorisent ou défavorisent, rendent possibles ou impossibles, accentuent dans un sens ou dans un autre telle ou telle conception du bonheur, il serait logique de commencer par identifier et classer les principaux types de bonheur auxquels l'homme peut se référer.

Nous avons dit qu'il y avait un seuil en deçà duquel la question ne se posait même pas : l'individu, dans certaines conditions, ne parvient pas à se détacher d'une existence terne et misérable ; il est enfermé dans les conditions objectives de la chance et de la malchance, il n'a aucune idée correspondant à ce que nous appelons le bonheur, et son groupe ne lui en suggère aucune. Le point où la civilisation sort de cette torpeur et s'élève à la notion de bonheur, quelle qu'elle soit, constitue en somme le degré zéro de notre typologie. Nous l'avons situé à l'âge néolithique.

A l'extrémité opposée, nous trouvons les civilisations qui, détournant leur regard des réalités terrestres, dépassent la notion même de bonheur et l'atomisent pour ainsi dire dans l'infini en se proposant comme objectif la conquête du paradis. Sur le plan du comportement social, cette perspective n'est pas tellement différente de son antithèse ; elle la rejoint même bien souvent. En effet, dans les deux cas, le contexte immédiat, la réalité actuelle ne sont plus concernés par une notion du bonheur. Degré zéro et degré infini dissocient l'action immédiate du bonheur, comme s'il était impossible, irréalisable *hic et nunc*. L'appel au paradis peut s'entendre de trois manières différentes. Ou bien il s'agit d'un regret, celui du paradis perdu, qui sert uniquement d'explication à la condition malheureuse de l'humanité, à moins qu'il ne soit la justification d'un salut possible, et, dans ce cas, il nous renvoie à la seconde forme de l'image paradisiaque, celle qui est promise, soit à tout le monde, soit uniquement aux justes, pour une autre existence, après la mort. Dans cette seconde perspective, le bonheur terrestre est pour ainsi dire déconsidéré ; il devient illusoire et inopérant, à moins qu'on ne le considère comme une sorte de menue monnaie de l'absolu, une préfiguration du paradis à l'échelle réduite. Mais alors il y a dans cette relation de l'immanent au transcendant une équivoque insurmontable, équivoque d'ailleurs qui, nous l'avons vu, n'est pas étrangère à la notion même de paradis. Enfin, la troisième apparence de cet archétype est une image affaiblie, réduite à l'échelle terrestre et présentée comme un idéal vers lequel pourrait tendre l'humanité. Nous avons dit en quels termes le marxisme supposait et condamnait à la fois cette vue eschatologique et euphorique. On pourrait ajouter que le paradis réduit à l'échelle humaine et pour ainsi dire incarné devient le tableau idyllique d'une société juste et fraternelle, ou, si l'on préfère, une utopie sociale, ou plus encore ce mythe de la cité idéale dont Roger Mucchielli a bien analysé le caractère métahistorique et métapsychologique [1]. De même que nous appelions degré zéro le point d'apparition de l'idée de bonheur par rapport aux niveaux au-dessous de zéro, c'est-à-dire ceux où il n'en est même pas question, de même, inversement, on peut situer à l'autre extrémité le point où l'absolu s'insère dans le réel. Ce pôle correspond à l'idée d'une sorte de paradis terrestre qui pourrait être conçu comme réalisable mais dans un avenir indéfiniment différé, en tout cas trop lointain pour que la génération présente puisse le voir poindre à l'horizon. Bref, la mise en relation du cadre social avec la notion de bonheur se situe entre deux zones qui lui échappent : d'une part, celle où le cadre social est trop voué au malheur pour que l'idée de bonheur y puisse luire ; d'autre part, celle où, au contraire, cette idée est trop haute et trop absolue pour avoir une commune mesure avec la société vivante. Et les points de contact avec ces deux domaines inaccessibles sont d'un côté la première lueur d'espoir qui arrache l'homme à l'acceptation pure et simple de sa condition et, de l'autre, le mythe d'une sorte de paradis terrestre qui serait théoriquement accessible pour l'humanité au terme d'un long progrès.

La zone dans laquelle la sociologie rencontre le bonheur est, entre ces deux limites, celle où la société donne à l'homme l'occasion de porter un jugement de valeur sur sa condition et lui fait concevoir des degrés dans le contentement qu'il peut en éprouver.

Pour procéder à une classification des différents types de bonheur, on pourrait songer d'abord à

---

1. Roger Mucchielli, *Le Mythe de la cité idéale* (P. U. F., 1960).

Bonheur et civilisation 171

dresser un bilan des diverses définitions qui en ont été proposées. Nous avons dit que les philosophes de l'Antiquité en avaient proposé un assez grand nombre.

Les uns ont cherché à faire coïncider le bonheur avec la sagesse en le situant dans l'absolu, soit qu'ils aient insisté, à la façon des stoïciens, sur la distinction entre ce qui dépend de nous et ce qui n'en dépend pas, et cherché la voie idéale dans la résignation, le détachement à l'égard des conditions extérieures, c'est-à-dire la pure subjectivité, soit qu'ils aient louvoyé à la suite d'Épicure entre la recherche des plaisirs et la sagesse, la paix de l'âme (l'ataraxie), soit encore qu'ils aient franchement situé le bonheur dans un absolu platonicien ou aristotélicien, tantôt objectivement dans l'accord entre l'ordre du monde et la volonté de l'homme, tantôt subjectivement, dans l'accord de l'homme avec lui-même.

C'est sans doute au XVIIIe siècle qu'on trouve le plus bel échantillonnage des définitions de notre concept, puisque cette époque vit fleurir une cinquantaine de traités du bonheur. Robert Mauzi en fait le recensement et l'analyse dans un livre qui constitue un précieux document [1]. Selon cet auteur, les conceptions proposées peuvent se classer en quatre catégories. La première ramène le bonheur à un « bilan des états de conscience » : on est heureux quand le total des états agréables surpasse celui des états désagréables. C'est une façon de voir qui l'emporte surtout chez les épicuriens cyniques. La seconde interprétation, en faveur chez les « philosophes », insiste plutôt sur l'équilibre des tendances et la synthèse des facultés. La troisième fait consister le bonheur dans le resserrement de l'être autour d'un point unique, c'est-à-dire dans la pleine possession

---

1. Robert Mauzi, *L'Idée du bonheur dans la littérature et la pensée du XVIIIe siècle* (Édit. A. Colin, 1960).

du Moi et dans sa conscience d'exister. Enfin, la quatrième trouve le bonheur dans l'existence en mouvement, dans l'exaltation des sentiments, et c'est elle qui est chère aux « préromantiques ». Mais Robert Mauzi reconnaît tout de suite que cette classification comporte bien des incertitudes et il lui semble plus important de signaler les polarisations, les antinomies, les termes opposés entre lesquels se répartissent les conceptions du bonheur. Ce concept peut, en effet, être axé soit sur la diversité et la discontinuité soit sur l'unité et la continuité. Deuxièmement, il peut être rattaché à l'existence et aux passions, ou bien à la personne et au Moi. Troisièmement, il peut évoquer le mouvement ou le repos. Quatrièmement, il peut se rapporter au sentiment ou à la raison. Enfin, il peut concerner l'individu ou la société.

Ces perspectives servaient admirablement Robert Mauzi dans son propos de dominer et de synthétiser les réflexions des écrivains du siècle des lumières. Ils fournissent d'utiles indications pour établir les cadres d'une sociologie du bonheur, mais ne sauraient convenir entièrement à celle-ci, dont les intentions sont évidemment différentes.

La première antinomie qui importe pour nous, c'est celle de l'importance donnée ou refusée à la notion du bonheur dans tel ou tel contexte social. Nous avons d'ailleurs commencé par poser cette alternative sous sa forme la plus brutale, celle du *to be or not to be* : il y a des civilisations qui ignorent le bonheur, d'autres dont il est le principal ressort. Entre ces deux positions extrêmes, toutes les nuances sont possibles. Autrement dit, nous aurons à nous demander en chaque circonstance, à propos de chaque type de collectivité, si la recherche du bonheur y est primordiale, secondaire ou méprisée.

Cette première échelle de classement nous évite

de reprendre expressément les deux dernières antinomies énoncées par Robert Mauzi et quelques-unes des rubriques de sa classification en quatre catégories. En effet, nous avons vu que les sociétés dionysiennes, qui sont essentiellement vouées au mouvement, à l'exaltation des passions et du même coup aux valeurs masculines, sont aussi celles qui ne sont pas axées essentiellement sur la recherche du bonheur. Ou, du moins, elles n'en retrouvent la saveur, comme c'est le cas pour les Navahos, que dans une sorte de mouvement de reflux, c'est-à-dire dans un retour sur le passé, quand les voies du mouvement sont bloquées, à moins qu'elles ne s'orientent, pour les mêmes raisons, vers un avenir de repos, c'est-à-dire une mutation dans le sens opposé, retrouvant ainsi l'idéal des sociétés apolliniennes. Celles-ci, séduites par le calme, l'équilibre, l'immobilité, reprennent toujours peu ou prou à leur compte le rêve des sociétés néolithiques, agricoles, matriarcales, dominées par les valeurs féminines et, plus ou moins consciemment, tentées de faire du bonheur le signe distinctif de la sagesse suprême. En somme, le bonheur ne serait vraiment important pour une civilisation que dans la mesure où il est défini à la fois par un équilibre raisonnable et par une certaine crainte du mouvement.

Mais nous venons de répéter que, dans les sociétés dionysiennes, si la recherche du bonheur n'est pas le ressort essentiel, il reste possible que, secondairement, la félicité projetée dans le passé ou dans l'avenir joue un rôle qui n'est pas négligeable. En ce sens, après s'être interrogé sur le problème de l'intensité et de l'importance de la notion de bonheur, le sociologue devrait examiner comment celle-ci se situe par rapport au temps. Pour les sociétés apolliniennes, tout est donné dans le présent, ou bien dans l'intemporel, puisque l'idéal du repos tend à mettre sur le même plan ce qui fut, ce qui est, ce qui sera. Au contraire, les sociétés dionysiennes, toujours dévorées par le désir de la fuite en avant, la quête de prestige ou de quelque autre chimère, ne s'arrêtent pas dans le présent pour en goûter la saveur et ne se posent le problème du bonheur qu'en prenant pour ainsi dire une attitude apollinienne à l'égard du passé ou du futur. Or cette antinomie par rapport au temps recouvre aussi celle que Robert Mauzi signalait entre l'existence et les passions, d'une part, l'être et la personne, d'autre part. Car c'est la passion, moteur principal de la civilisation dionysienne qui, en faisant déchoir le présent de l'être à l'existence et en l'assujettissant à l'avant ou à l'après, empêche le moi, la personne, de se saisir comme principe du bonheur.

Bref, une typologie orientée par la sociologie rencontre d'abord une première grande antinomie, c'est-à-dire deux tendances extrêmes et contraires entre lesquelles s'étagent les différentes conceptions du bonheur. D'un côté, nous trouvons celles qui regardent vers le passé ou l'avenir et qui sont caractéristiques des civilisations dionysiennes ; elles font résider le bonheur dans le mouvement que suscitent les passions et dans l'existentiel, et ne lui peuvent laisser qu'un rôle secondaire. De l'autre côté, à l'opposé, nous avons affaire à un bonheur qui sanctifie le présent ou même règne dans l'intemporel et qui est propre aux civilisations apolliniennes, celles de la quiétude et du repos, qui s'installent dans l'être, et dont la félicité concerne la personne dans sa plénitude. Il est facile de voir aussi que le bonheur dionysien est plus volontiers affectif, discontinu, divers, tandis que le bonheur apollinien est plutôt rationnel, continu et unitaire.

Cette antinomie recouvre-t-elle aussi la quatrième de celles que distinguait Robert Mauzi et qui est fondée sur le dilemme entre l'individu et la société ?

Le problème ainsi soulevé est, pour la sociologie, une vieille connaissance. On pourrait croire, d'ailleurs, qu'il concerne surtout les incidents de frontière entre cette discipline et la psychologie, de sorte qu'il n'aurait pas à être évoqué dès lors qu'on a adopté la position du sociologue. Puisque nous cherchons à savoir dans quelle mesure et en quel sens la collectivité contribue à façonner la notion du bonheur et son rôle, il est bien évident que nous regardons du point de vue de la société, non de l'individu. Mais ce n'est pas cela qui est en cause, et c'est du bonheur lui-même, non de son rayonnement, qu'il est questions très justement, dans l'antithèse finale énoncée par Mauzi. Pour parler plus clair, disons tout simplement qu'une civilisation peut favoriser une conception individualiste ou, au contraire, une conception collectiviste du bonheur, et que, par le premier cas autant que par le second, c'est la sociologie qui est concernée.

Il faut d'ailleurs préciser qu'une conception individualiste peut très bien s'accorder avec un certain universalisme. Tout en cherchant mon bonheur propre fort égoïstement, je puis penser que la formule en est valable pour tous. La question est donc non seulement de savoir si l'on a en vue son bonheur particulier ou celui de la collectivité, mais en outre de déterminer si l'idéal de félicité est conçu ou non en fonction des conditions sociales de tel ou tel individu. Robert Mauzi apporte sur ce point délicat un éclaircissement utile, lorsqu'il écrit : « Si la recherche du bonheur est le seul mobile de l'homme, le point d'origine ou de cristallisation de toutes ses tendances, cette proposition ne doit pas être vraie seulement de manière subjective, mais objectivement : elle doit se vérifier pour tous [1]. »

1. R. Mauzi, *op. cit.*, p. 140.

Le problème ainsi soulevé est donc, en définitive non pas celui de l'égoïsme ou de l'altruisme dans la recherche du bonheur, mais celui de la relativité ou de l'universalité de telle ou telle conception du bonheur. Or c'est une tout autre question qui est posée quelques pages plus loin par Robert Mauzi, où il s'agit alors de l'impossibilité qu'aurait un individu, selon les sentimentalistes du XVIII° siècle, d'être vraiment heureux si autour de lui tout le monde était malheureux. C'est alors vraiment un bonheur social, fondé sur la solidarité des êtres humains, qui est ainsi évoqué.

En somme, nous découvrons, sous l'étiquette « individu-société », deux antithèses différentes. La première concerne l'opposition entre un bonheur universel, conçu comme un idéal valable pour tous, c'est-à-dire défini hors des différences de situation, et, au contraire, un bonheur propre à chaque cas, c'est-à-dire particulier. La seconde pose la question de savoir si l'on peut être heureux tout seul, sans s'occuper d'autrui, ou bien si le bonheur qu'on se propose d'atteindre doit être plutôt celui de toute la collectivité, qui peut être, suivant les cas, l'humanité tout entière, ou bien un groupe plus restreint tel que la nation, la famille.

Ensuite, il est une autre distinction qu'il nous faut retenir pour établir notre typologie, mais qui se présente comme une option entre trois termes, non plus comme une antithèse entre deux pôles opposés. C'est celle qui concerne le fond même du problème. Le bonheur peut en effet être conçu comme objectif, subjectif ou transcendant, suivant qu'on le caractérise par ses conditions extérieures, notamment celles qui concernent la santé, la richesse, le confort, la réussite sociale, ou bien par l'état d'âme euphorique, l'harmonie intérieure, ou encore par l'accès à un équilibre général et à une plénitude d'être qui dépassent à la fois l'homme et ses conditions d'existence. Il est clair que cette trilogie, malgré certaines apparences, ne recouvre pas les antinomies précédentes. Par exemple, le bonheur individuel peut bien être objectif ou subjectif, puisqu'il est possible de le chercher dans certaines satisfactions matérielles ou au contraire dans un état de contentement intime sans se soucier d'autrui. Inversement, le bonheur collectif peut être défini, suivant les cas, par le progrès de la société dans la voie du bien-être matériel ou, au contraire, dans celle de la sagesse et même du détachement. Cependant, il y a une affinité certaine entre le bonheur transcendant et le bonheur collectif, bien qu'à vrai dire, quand on se situe sur le plan du mysticisme, la participation à un ordre transcendant n'implique pas nécessairement le sens de la solidarité sociale. Quant à l'antinomie entre le contexte apollinien et le cadre dionysien, elle est également assez indépendante du choix entre l'idéal objectif, subjectif ou transcendant. Tout aussi bien, le repos de l'âme et le mouvement de la passion peuvent s'accommoder de l'un ou l'autre de ces trois types de bonheur.

Enfin, une dernière opposition peut intervenir dans la typologie que nous cherchons à établir. Elle concerne l'ampleur plus ou moins grande de la conception du bonheur, non plus cette fois dans le sens de l'extension comme pouvait l'être la distinction entre l'individuel et le collectif, mais dans la compréhension, pour prendre le langage des logiciens, c'est-à-dire en tenant compte du caractère partiel, ou absolu de la notion. En d'autres termes, il ne s'agit plus ici de savoir si l'idéal du bonheur auquel je m'attache est valable pour moi seul ou bien pour tous ou encore pour une collectivité donnée, mais il faut maintenant se demander si je songe à un bonheur partiel, limité ou bien intégral, sans fissure. Certes, dans le second cas, celui de l'absolu, il est possible que je ne considère cet idéal que comme lointain et même inaccessible ; du moins faut-il faire une différence entre l'idée d'un bonheur qui se définit comme une perfection difficile et celle d'un bonheur qui, de toute manière, ne prétend à rien d'autre qu'à une certaine médiocrité. Cette nouvelle antinomie ne se confond avec aucune autre des précédentes. Toutefois, elle n'est pas sans rapport avec les distinctions que nous avions fondées sur la considération du temps, mais elle les recoupe d'une autre manière que ne le faisait l'opposition entre la tendance apollinienne et la tendance dionysienne. En effet, nous avons dit que cette dernière conduisait à situer le bonheur dans le passé ou dans le futur, tandis que l'idéal apollinien était du domaine du présent ou de l'intemporel. Si nous nous référons à la compréhension du concept, nous voyons maintenant que le bonheur conçu comme un absolu peut être projeté dans l'avenir ou bien maintenu hors du temps, alors que le bonheur relatif peut être pensé dans le passé ou dans le présent, comme aussi d'ailleurs dans le futur. En somme, la tendance apollinienne conduit à l'idée du bonheur absolu quand elle se tourne vers l'intemporel. Au contraire, cette même tendance se contente du bonheur relatif lorsqu'elle est actualisée. Quant à la psychologie dionysienne, elle ne peut guère évoquer qu'un bonheur relatif lorsqu'elle conduit à porter les regards vers le passé. Et, quand elle s'oriente vers l'avenir, elle est susceptible, selon les cas, de faire rêver d'un bonheur absolu ou d'un bonheur relatif.

Toutes ces considérations fastidieuses et abstraites étaient nécessaires pour permettre de faire l'inventaire des catégories et surtout des orientations entre lesquelles se situent les options que tend à nous faire prendre le cadre social dans lequel nous vivons. Essayons de les résumer et d'en esquisser un tableau synoptique.

Une première grande option est donnée par les tendances apollinienne et dionysienne, entre lesquelles, bien sûr, toutes les nuances sont possibles, car aucune civilisation n'est totalement apollinienne ou totalement dionysienne. Mais du moins peut-on, grâce à cette antinomie, avoir dans l'oreille les deux notes extrêmes de la gamme. Du côté apollinien, nous trouvons un idéal de paix, de repos, qui se rapporte à la personne humaine envisagée dans un équilibre harmonieux, dans la plénitude de son être et qui se contente d'une satisfaction présente mais stable ou bien se rattache à une sorte d'archétype transcendant, c'est-à-dire à l'image d'un bonheur absolu et intemporel. Il est naturel que, dans ce style de vie, le bonheur soit appelé à jouer un rôle primordial.

Du côté dionysien, ce sont au contraire les passions et les mouvements du désir qui arrachent l'homme à la situation présente, le précipitent de l'être vers une existence sans cesse mise en question. La visée vers le bonheur est secondaire dans cette course à l'action et ne peut être que le regret nostalgique d'un passé idéalisé, ou bien l'espoir sans cesse différé d'une félicité vaguement désirée et qui reste limitée ou bien s'enfle vers l'absolu.

Mais, dans l'ambiance dionysienne, tout comme dans le cadre apollinien, d'autres options se présentent. D'abord, et c'est notre deuxième alternative, la notion du bonheur peut être universelle, c'est-à-dire valable pour tous et pour n'importe qui, ou bien particulière à chaque situation, à chaque cas particulier. La troisième antinomie porte sur l'opposition entre un bonheur individuel, voire égoïste et un bonheur social, collectif, qui ne se réalise que s'il est partagé. La quatrième classification est déterminée par le caractère objectif, subjectif ou transcendant du bonheur. Et la cinquième est fondée sur l'opposition entre, d'une part, l'absolu et, de l'autre, le relatif, le partiel, limité.

CONCEPTION DU BONHEUR

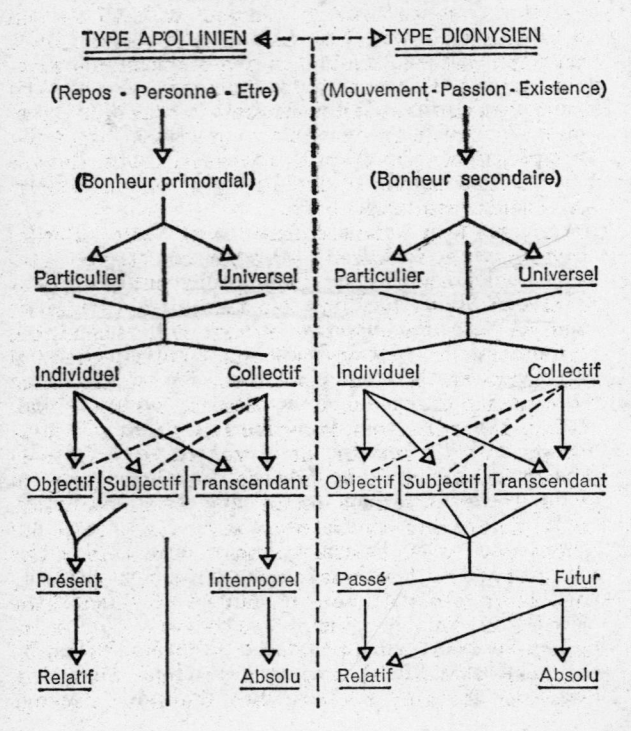

TYPE APOLLINIEN ◀------▶ TYPE DIONYSIEN
(Repos - Personne - Etre) / (Mouvement - Passion - Existence)
(Bonheur primordial) / (Bonheur secondaire)
Particulier — Universel / Particulier — Universel
Individuel — Collectif / Individuel — Collectif
Objectif	Subjectif	Transcendant / Objectif	Subjectif	Transcendant
Présent — Intemporel / Passé — Futur
Relatif — Absolu / Relatif — Absolu

Bien entendu, il est possible d'aller plus avant dans les distinctions. Nous ne parlons pas seulement des gradations entre le type apollinien et le type dionysien, mais surtout des subdivisions à l'intérieur des diverses autres rubriques. Ainsi, notre troisième dilemme, entre l'individuel et le collectif comporterait, par rapport au second de ces deux termes, divers paliers, suivant que la solidarité impliquée dans le bonheur collectif s'étend à toute l'humanité, à la nation, à la famille ou à tel autre groupe. Mais c'est notre quatrième principe de classification, entre l'objectif, le subjectif et le transcendant qui mériterait le plus d'être précisé. Il se prête en effet mieux que les autres à des spécifications parce qu'il concerne, nous l'avons dit, le fond même du problème ou, si l'on préfère, le contenu concret de l'idée.

Le bonheur transcendant peut être d'ordre mystique ou rationnel, terrestre ou céleste, utopique ou paradisiaque. Le bonheur subjectif peut consister dans l'équilibre des tendances, la réalisation de l'être, l'acceptation du sort et la résignation, le détachement, la synthèse des facultés, quand il est conçu sur le mode apollinien. Par contre, dans le contexte dionysien, il se présente comme l'exaltation des sentiments, la course aux plaisirs, l'acceptation du vouloir-vivre, de la volonté de puissance, l'oubli de soi dans la frénésie, l'enthousiasme, la volupté des émotions fortes, des sens exacerbés. Bref, le bonheur se distribue assez bien, entre les différentes écoles philosophiques : d'un côté, celles de l'Antiquité classique orientées vers la sagesse ; de l'autre, celles qui sont à l'origine du romantisme ou qui en dérivent. Cette dernière voie nous acheminerait vers Schopenhauer ou encore Nietzsche et nous verrions ainsi que le bonheur dionysien, dans ce domaine comme dans d'autres, s'engage dans une impasse. Rien de surprenant à cela : il est, nous l'avons dit, par nature secondaire, et quand on veut pousser le romantisme jusqu'aux sommets philosophiques, l'idée de bonheur, si peu importante pour lui ou liée à lui par équivoque, pâlit de plus en plus et finit par disparaître si la lumière devient trop crue. Autrement dit, une spécification rigoureuse des grands principes du bonheur subjectif est possible dans le cadre apollinien et elle est alors conforme aux grandes divisions de la philosophie antique (idéalisme et réalisme, — stoïcisme et épicurisme, — platonisme et aristotélisme, etc.), tandis qu'au contraire, dans le cadre dionysien, il faut s'en tenir à des courants imprécis, des sollicitations fougueuses mais troubles, car on ne se trouve plus alors dans le royaume de l'intellect.

Quant au bonheur objectif, il se laisse plus aisément mettre en tiroirs, car il concerne les conditions extérieures de notre existence, c'est-à-dire des choses que l'on voit, que l'on montre du doigt. Les premières conditions sont celles qui se rapportent au corps et fondent le bonheur sur la santé ou sur le plaisir physique, la volupté. Le confort, avec la possession des objets qui y contribuent, complète ce cadre étroitement lié aux satisfactions matérielles. Plus large est déjà le principe même qui rend possibles toutes les acquisitions, à savoir la richesse. Mais celle-ci peut n'être qu'un élément de l'action sur le monde et sur autrui, c'est-à-dire du pouvoir. De là, on passe au prestige, à la gloire, à la vanité, à la satisfaction de soi-même et à la volonté de puissance, et par conséquent on arrive à la limite entre l'objectif et le subjectif en plaçant le bonheur dans la satisfaction intérieure que donne la possession des moyens. Comment, ici, faire le départ entre l'aspect apollinien et l'aspect dionysien ? Par ceci justement que les conditions vraiment objectives, celles qui concernent les biens matériels recherchés pour eux-mêmes, conviennent aux tendances apolliniennes, tandis qu'au contraire c'est dans le contexte dionysien qu'on trouve la soif de possession et le vouloir-vivre, devenus eux-mêmes les moteurs de la recherche du bonheur plus que les biens possédés. Autrement dit, le bonheur n'est jamais franchement objectif, c'est-à-dire jamais réduit purement et simplement à ses conditions matérielles dans la perspective dionysienne, car s'endormir dans le confort réalisé ou l'aisance acquise, c'est accepter le bonheur en repos, tandis qu'il faut ici du mouvement et de la passion. Ce qui compte alors, c'est l'élan vers des conquêtes toujours nouvelles, c'est-à-dire la recherche des conditions objectives plus que ces conditions elles-mêmes. C'est pourquoi, dans notre typologie, la quatrième ligne de classification ne comporte le bonheur objectif dans le cadre dionysien que pour mémoire et avec de grandes réserves.

Mais, dira-t-on, est-il nécessaire d'inscrire des subdivisions dans les catégories retenues, et de diversifier ainsi la typologie ? Ne vaudrait-il pas mieux, au contraire, tenter de la dépasser en la simplifiant, pour la faire comprendre et en donner la clef ?

En définitive, qu'est-ce que cette arborescence signifie ? Quels grands ressorts de la nature humaine peuvent nous amener à surestimer ou sous-estimer le bonheur, à souhaiter le repos ou le mouvement, à chercher notre idéal dans le relatif ou dans l'absolu ? Car si la société peut nous imposer tel ou tel stéréotype, nous incliner dans un sens ou dans l'autre, encore faut-il, du moins, que la gamme des bonheurs concevables ait son registre dans la réalité profonde de l'homme, ou même dans sa destinée.

L'étude des populations primitives, et plus particulièrement celle de leurs rites, nous montre que les sociétés ont toujours été dominées par deux tentations : celle qui porte à s'enfermer dans ce qui est purement donné, conditionné, et celle au contraire qui pousse à chercher au-delà, dans l'inconditionné, un supplément d'être [1]. C'est ainsi que, d'une part, de nombreux rituels, semblables à nos superstitions et présentant le plus souvent la forme des tabous, préservent, écartent le primitif de tout ce qui est insolite, nouveau, inquiétant, de tout ce qui n'est pas conforme aux coutumes et à la norme, et tendent ainsi à le maintenir dans une sorte de sécurité absolue, dans une condition humaine entièrement définie par des règles. Par exemple, la naissance d'un albinos, l'inceste commis par un membre de la tribu, l'arrivée d'étrangers, l'adoption d'une technique nouvelle sont perçus comme des causes d'inquiétude et de grands malheurs par tout le groupe, parce que ce sont autant de contacts avec l'impureté, autant d'ouvertures sur le monde qui échappe aux règles, celui où tout est possible, où tout se transforme, où rien n'est garanti. Ce monde de l'inconditionné, de la toute-puissance, l'homme ne peut le rencontrer sans se souiller et surtout sans compromettre son existence, sans remettre en question sa stabilité et, finalement, sa quiétude. D'autre part, cette puissance dangereuse de tout ce qui échappe aux règles est fascinante, car c'est le domaine de la magie, et celle-ci, par ses rites compliqués, cherche à capter la force surnaturelle de l'inconditionné. Mais c'est au prix d'un saut dans l'inconnu. Le magicien renonce à la sécurité des règles et il fait profession de les bafouer pour acquérir ses qualités extraordinaires. Par

---

1. Cf. J. Cazeneuve, *Les Rites et la condition humaine* (P. U. F.).

exemple, il commet l'inceste au cours des cérémonies d'initiation, et il y perd tout ce qui faisait de lui un homme normal.

Autrement dit, quand on remonte aux principes fondamentaux des coutumes primitives, archaïques, on découvre l'opposition entre deux idéaux : celui de la sécurité dans l'impuissance, et celui de la puissance dans l'inquiétude. Et la religion, synthèse des principes du tabou et de ceux de la magie, est une tentative de compromis qui, en situant la puissance sur un plan transcendantal, veut permettre à l'homme, par des rites de sacralisation, de participer à elle sans se perdre, sans abandonner le monde des règles.

La sociologie ne saurait faire fi de la situation métaphysique de l'homme. Bien au contraire, on s'apercevrait, en analysant la plupart des comportements sociaux importants qu'ils s'expliquent, tout comme les rituels, par la tension entre le conditionné et l'inconditionné, par la situation de l'homme qui organise le réel mais ne peut s'en contenter, qui a besoin de s'enfermer en lui-même et de se dépasser, qui, enfin, est comme mu par un instinct de la règle et de l'ordre mais aussi, en même temps, éprouve un attrait mystérieux pour ce qui menace et dépasse à la fois la règle et l'ordre. Religions et philosophies ont toujours hésité entre ces extrémités ou bien se sont efforcées, avec plus ou moins de succès, de les concilier.

Le problème du bonheur dans la civilisation n'échappe pas à cette dialectique qui fonde la nature humaine sur ses propres énigmes. Tandis que le sacré, notion centrale de la religion, est une synthèse entre l'aspect inquiétant et le caractère attirant ou subjuguant de ce qui dépasse la condition humaine, on peut dire que la notion de bonheur est un compromis entre les conséquences extrêmes des deux mobiles fondamentaux de l'existence. D'une part, notre nature nous pousse à rêver d'une adéquation entre nos désirs et notre état présent, ce qui revient à supprimer en fait les premiers et à définir un bonheur purement apollinien mais impossible à cause de la contradiction entre conscience et être. D'autre part, cette contradiction nous pousse à ne jamais nous satisfaire de nous-mêmes, à éluder l'attrait de ce bonheur figé pour chercher autre chose. En somme, le bonheur est comme un moyen terme utopique entre sa propre contradiction dans l'apollinisme et sa négation dans le dionysisme.

Et, de même que la sublimation religieuse du principe sacré, en tant que compromis entre deux exigences opposées, penche bien souvent tantôt dans le sens du tabou et de la sécurité par la règle, tantôt dans celui de la magie et de la puissance par le défi aux règles, de même l'idéal du bonheur, au point de rencontre de deux tendances ou de deux échecs, incline plus ou moins vers l'un ou l'autre extrême. Aussi, dans les civilisations les plus apolliniennes, est-ce la recherche d'un bonheur paisible mais inconscient de lui-même qui prédomine. Inversement, dans les cultures les plus dionysiennes, la quête de puissance, la visée vers quelque chose d'autre que le simple donné ne suscitent que secondairement une idée du bonheur éclipsée par les éclairs de la joie et toujours en porte à faux dans le contexte frénétique.

Bref, le bonheur est probablement aussi inadéquat à la nature humaine, comme idéal de toute manière inaccessible, qu'il lui est indissolublement lié, comme expression de sa contradiction profonde.

C'est pourquoi la grande ligne de clivage, pour l'établissement de notre typologie, est bien celle du repos et du mouvement, de l'être et de l'existence ou, comme nous l'avons dit avec Nietzsche, Spengler et Ruth Benedict, celle de l'apollinisme et du dionysisme.

Mais le fait que l'homme ne puisse s'accomplir totalement ni dans une de ces directions ni dans l'autre, le fait qu'il ne peut se satisfaire ni dans la condition déterminée par les règles ni dans la course à l'inconditionné, le fait enfin qu'il n'y a pour lui de plénitude ni dans l'être fermé sur soi et sur son présent ni dans l'existence toujours projetée dans le passé ou l'avenir, toutes ces raisons font pour ainsi dire éclater l'idéal du bonheur à l'intérieur même de chacune des deux catégories. Pas plus dans l'apollinienne que dans la dionysienne, il ne peut garder une configuration unique, puisqu'il est, en somme, partout tiraillé, déphasé. Aussi bien s'effrite-t-il d'abord entre, d'une part, le présent et l'intemporel, qui peuvent également prétendre représenter l'univers de la stabilité et de la règle, et, d'autre part, le passé et le futur qui sont l'expression nostalgique ou bien frénétique de l'esprit de puissance. Et, de là, on passe aisément aux tensions entre le relatif et l'absolu, qui sont le signe de la situation métaphysique de l'homme entre le monde où la contradiction éclate et celui où elle se résout. L'antithèse entre le particulier et l'universel, entre l'individuel et le collectif, entre l'opposition objectif-subjectif ou le dépassement vers la transcendance ne sont que d'autres aspects de cette même complémentarité et incompatibilité entre ce que Platon appelait le *peras* et l'*apeiron*, le limité et l'illimité.

Bref, c'est toujours l'essence même de l'homme, dans sa métaphysique énigmatique, qui se réfracte à travers divers prismes et se disperse entre les catégories que nous avons dénombrées en établissant une typologie du bonheur.

CHAPITRE X

L'apport de la civilisation

Il ne suffit pas de constater que le contexte social oriente plus ou moins les individus vers telle ou telle combinaison des diverses apparences possibles du bonheur, ouvrant certaines portes à leur imagination et en fermant quelques autres. Encore faudrait-il savoir comment, par quels processus à la fois sociologiques et psychologiques, cette imprégnation se réalise. C'est le classique problème des rapports entre l'individu et la société, ou plutôt l'aspect anthropologique de ce problème, tel que l'ont posé les ethnologues de tendances assez diverses qu'on a coutume de grouper sous le nom de « culturalistes ». Leur trait commun est de s'appliquer à élucider l'action des civilisations sur les individus, et de situer par conséquent leur étude au point de rencontre entre la psychologie et la sociologie, mais en partant de l'examen des cultures pour remonter aux traces qu'elles laissent dans l'âme des personnes qui en subissent l'influence, tandis que la psychologie sociale procède en sens inverse et, s'attachant au comportement des individus, s'efforce d'en dégager l'aspect social. En ce sens, on a pu dire assez justement que l'anthropologie culturaliste constituait une « sociologie psychologique ».

Ainsi, la distinction établie par Ruth Benedict entre civilisations apolliniennes et dionysiennes est

une approche culturaliste du problème, car le but de
cet auteur est, en prenant comme base d'investigation les deux sortes de culture les plus opposées, de
voir comment chacune d'elles façonne des modèles
d'individualité spécifiques. Bien sûr, dans une société
apollinienne, chez les Zuñis par exemple, tous les
membres du groupe ne sont pas d'un caractère paisible et doux, de même qu'inversement chez les
Dobuans la culture dionysienne ne produit pas uniquement des hommes agressifs et portés à la compétition. Mais, dans l'un et l'autre cas, la société est
orientée dans un sens bien déterminé, et l'éducation
est faite pour produire des individus conformes à
un même idéal. Un Zuñi batailleur et brutal est,
dans sa tribu, une sorte de cas exceptionnel, plus
ou moins réprouvé par ses concitoyens. Au contraire,
à Dobu, un homme de ce même tempérament serait
conforme à l'éthique du groupe, et, inversement,
un Dobuan doux et réservé serait comme déclassé
parmi ses compatriotes. On pourrait, il est vrai,
montrer que le degré d'intégration n'est pas le même
partout, que les sociétés sont plus ou moins impitoyables ou au contraire tolérantes à l'égard de leurs
« déviants ». Il n'en reste pas moins évident qu'il y
a toujours un minimum de conformisme dans toute
civilisation existante. La culture représente l'ensemble des modèles et règles de vie que chaque civilisation tente par le moyen de l'éducation et avec
plus ou moins d'autorité d'imposer à ses enfants.

On objectera encore que, dans toute espèce de
société, il y a des subdivisions selon les statuts de
ses membres, de sorte que le modèle culturel plus
ou moins plaqué par l'éducation sur les individus
n'est pas le même pour tous les groupes ou toutes
les catégories composant cette société. Par exemple,
dans notre civilisation, n'y a-t-il pas une culture des
pauvres, et une des bourgeois, avec des règles de

conduite fort différentes ? Cela est incontestable. Mais on peut admettre qu'une civilisation complexe s'exprime dans une culture à facettes, ou encore qu'il y a plusieurs modes de participation à cette culture. Certains sociologues, il est vrai, iraient jusqu'à dire qu'on se trouve en présence alors de plusieurs cultures. Mais cette conclusion serait excessive. Ainsi, quand on parle, dans notre civilisation, d'une « culture de masse » distincte de celle des élites, on oublie un peu trop que la première n'est pas absolument étrangère à la seconde, qu'elle en est, si l'on veut, la vulgarisation ou la déformation. Bref, une étude sociologique des choix existentiels imposés ou suggérés aux individus par la collectivité doit être conduite en deux temps : on commence par essayer de définir les traits généraux d'une civilisation, la culture qui en constitue le capital moral et intellectuel transmissible par l'éducation, et en second lieu on examine les divers modes de participation à cette culture, suivant les types d'éducation propres à telle ou telle catégorie sociale plus particulière, ce qui revient aussi, bien souvent, à distinguer plusieurs aspects ou plusieurs découpages de cette culture globale.

L'un des mérites des travaux culturalistes est d'avoir porté au crédit de la culture certains traits de caractère que l'on croyait autrefois liés à la nature humaine dans ce qu'elle a de plus universel. Les travaux de Margaret Mead [1], notamment, pourraient donner à penser que la différence, qui nous paraît constitutive, entre le caractère féminin soumis et doux et le caractère masculin autoritaire et entreprenant, n'est en réalité qu'un préjugé de civilisation. Dans la tribu Arapesh de Nouvelle-Guinée, hommes et femmes ont la même attitude, compa-

1. M. Mead, *Mœurs et sexualité en Océanie* (Édit. Plon, 1963) et *L'un et l'autre sexe* (Édit. Gonthier, 1966).

rable à celle qui nous paraît être essentiellement féminine. Mieux encore, dans la tribu tschambuli de la même région, les stéréotypes sont exactement à l'inverse de ce qu'on observe chez nous ; les femmes présentent les caractères que nous considérons virils ; c'est à elles qu'incombe le souci de diriger la communauté familiale, cependant que les hommes, élevés comme les jeunes filles de chez nous, se consacrent aux travaux d'art et aux besognes légères. Il resterait pourtant à se demander si l'on n'a pas affaire ici à des cas très particuliers et si la distinction entre ethos féminin et ethos masculin, telle que nous la connaissons, n'est pas tout de même fondamentale, et simplement altérée, exagérée, pervertie ou inversée suivant les cas. Les études de Margaret Mead montrent donc à coup sûr la puissance du facteur culturel, mais ne conduisent pas à nier radicalement les données humaines et ce que Jung appelle les archétypes de notre inconscient collectif. D'ailleurs, Margaret Mead, en définitive, ne songe nullement à nier qu'il y ait un fondement biologique à la féminité et à la virilité. Elle montre seulement à quel point, même sur ces bases, la culture peut tout modifier quand elle prend le parti de contrarier la nature.

Les prétentions du culturalisme se heurtent d'autre part à celles de la psychanalyse classique, car elles tendent à faire relever de l'éducation les conflits de l'inconscient que les Freudiens considéraient comme liés à la nature humaine. Ainsi, comme nous l'avons rappelé à un autre propos [1], le complexe d'Œdipe, si l'on en croit Malinowski, serait particulier à certains types de civilisation patriarcale, tandis qu'il serait pratiquement inexistant dans les sociétés matriarcales, comme celle des îles Trobriand, où le rôle d'éducateur autoritaire revient

1. Cf. *supra*, chap. VIII.

non pas au père de l'enfant mais à son oncle. C'est
donc la structure de la famille et le mode de trans-
mission culturelle qui façonnent les complexes. Et
ceux-ci varient selon les civilisations, tandis que,
selon Freud, le mécanisme fondamental de l'inconscient serait le même partout.

On voit la portée de cette controverse en ce qui
concerne notre problème, puisque les conflits psychiques de l'inconscient nous ont paru jouer un rôle
primordial dans les attitudes à l'égard du bonheur.

Une école anthropologique, qui se rattache étroitement au culturalisme, a proposé un schéma d'étude
des rapports réciproques entre l'individu et la culture, en essayant de définir la « personnalité de base »,
c'est-à-dire une abstraction qui serait le modèle
idéal, le type humain que tend à façonner une civilisation par l'éducation, par divers moyens de pression, de sollicitation, et par des influences diverses,
et qui, en retour, ajuste ladite civilisation à ses
besoins. La personnalité de base, selon Linton et
Kardiner [1], c'est celle de l'individu tel que le souhaite la société ; c'est aussi ce qui, dans chacun de
ses membres, en exprime les traits essentiels. C'est
par exemple, ce par quoi un Français est vraiment
français, un Malgache vraiment malgache, au-delà
de toutes les particularités de chacun, qu'il ne s'agit
évidemment pas de nier, mais qui, elles, sont du
ressort de la psychologie. Mikel Dufrenne [2] a fort
bien critiqué les incertitudes des promoteurs de
cette école dans leur tentative de distinction entre
les institutions primaires qui seraient la cause de la
personnalité de base et les institutions secondaires
qui en seraient l'effet. D'ailleurs, le problème des
institutions secondaires, c'est-à-dire celui du choc

1. Linton, *The cultural background of personality* (N. Y., 1945) ;
Kardiner, *The psychological frontiers of society* (N. Y., 1945).
2. M. Dufrenne, *La Personnalité de base* (P. U. F., 1953).

en retour de la personnalité de base sur la culture qui l'a façonnée n'est évidemment pas celui qui doit nous retenir ici. Car nous avons à nous demander comment une civilisation incline les hommes vers telle ou telle conception du bonheur. Sur ce terrain, le culturalisme peut reprendre à son compte des thèmes psychanalytiques, en y introduisant un certain relativisme. Il ne s'agit plus de tout expliquer par le complexe d'Œdipe, mais plutôt de voir quelles réactions conscientes et inconscientes provoquent les influences exercées par le milieu culturel. Elles sont de deux sortes. Les unes sont directes et correspondent aux finalités de l'éducation. Les autres sont indirectes et reflètent les insatisfactions, les frustrations de l'homme dans sa civilisation, ainsi que les mécanismes de défense inconscients ainsi provoqués. La notion de bonheur façonnée de ces deux manières serait, comme les institutions secondaires dans la perspective de Linton et Kardiner et même dans celle de Dufrenne, une production de la personnalité de base propre à chaque type de culture. Dans l'exemple des Navahos, nous voyons une culture dionysienne, coupée de ses sources vives, continuer d'inspirer un système d'éducation qui tendrait à former une personnalité de base agressive et mue par la volonté de puissance, c'est-à-dire par principe relativement indifférente à la recherche du bonheur ; mais d'autre part les circonstances présentes font naître dans cette tribu des frustrations et des anxiétés qui portent à des retours en arrière, à des visées aussi vers un autre idéal. En définitive, la personnalité de base du Navaho actuel implique une vive aspiration vers un bonheur coupé du présent et indéfinissable par rapport à l'avenir.

Le culturalisme n'a-t-il pas cependant, malgré tous ses mérites, déplacé le vrai problème ? Expliquer la mentalité d'un peuple par sa culture et les effets de celle-ci sur les individus, n'est-ce pas provoquer une autre question : pourquoi précisément tel peuple a-t-il telle culture et tel système d'éducation, pourquoi a-t-il choisi, notamment d'être apollinien ou dionysien, de rechercher la joie ou le bonheur, le mouvement ou la tranquillité ? Faut-il dire qu'il doit ce choix à sa race ? Mais il est aisé de constater que des sociétés de même origine ethnique se sont engagées dans des directions opposées. Il en est de même pour le cadre géographique, le climat, la nature ambiante. Les Zuñis et les Navahos, que nous avons vus tellement opposés quant à leur culture, sont de même souche, et habitent la même contrée. Ainsi, la fameuse théorie de Gobineau ne semble guère utilisable ici. Le caractère plutôt apollinien des peuples méditerranéens et le caractère plutôt dionysien ou faustien des Germains serait difficilement imputable à des différences raciales ou géographiques. D'ailleurs, les Romains, à l'époque de Romulus et jusqu'à celle de Caton, ressemblaient plus, de ce point de vue, aux conquérants barbares qu'à leurs propres héritiers au moment de la décadence. Quant au climat, on pourrait croire volontiers qu'il exerce une influence décisive. Ne verrait-on pas les hommes plus portés à rêver d'une douce félicité lorsqu'ils vivent sous un ciel toujours bleu, au milieu d'une nature accueillante, cependant qu'ils auraient plutôt tendance à songer surtout à la lutte pour la vie quand ils n'ont autour d'eux qu'un paysage triste et hostile ? Or les faits, et notamment l'exemple déjà cité, prouvent à l'évidence que cette détermination, si elle n'est pas totalement à négliger, n'est en tout cas pas décisive. Force est bien alors de recourir à la seule explication qui subsiste : l'Histoire. Oui, bien qu'on ne puisse pas en préciser les péripéties originelles faute de documents assez lointains dans la nuit préhi

torique, il est probable que chaque civilisation, et
par conséquent la culture qui l'exprime et la perpétue, a été orientée par les vicissitudes de son passé.
L'invention et l'adoption de l'agriculture, d'un côté,
l'attachement à la vie nomade et pastorale, de
l'autre, ont amené deux tribus aussi voisines que
les Zuñis et les Navahos à diverger profondément.
De même, tel peuple dionysien, comme les Romains
de la première époque, fut amolli par ses propres
succès, par son enrichissement et son contact avec
de paisibles vaincus ; de sorte que, peu à peu, il
changea de caractère.

Quand on abandonne l'archaïsme, la préhistoire
et l'histoire lointaine, il faut probablement, pour
expliquer la formation d'un type de civilisation, ou
celle des diverses et successives cultures qui en
émanent, faire intervenir non pas seulement les
événements politiques et économiques, mais aussi
l'influence des penseurs, écrivains, philosophes, poètes
artistes, qui aident la société à prendre conscience
de ses orientations, ou même finissent par modifier
celles-ci. Et puis, de nos jours, nous l'avons dit, il
faut en outre tenir compte des grandes découvertes
techniques et de leurs conséquences. L'histoire du
bonheur est faite de tout cela.

En définitive, pour étudier l'influence du cadre
collectif sur les différentes accentuations distinguées
dans notre typologie du bonheur, il faudrait tenir
compte de plusieurs facteurs. D'abord, le choix existentiel de la civilisation : est-elle orientée vers l'apollinisme ou vers le dionysme, ou bien, entre ces deux
extrêmes, où se situe-t-elle ? Mais non moins importante serait la seconde question : quel est le degré
d'intégration qu'elle réalise, ou, si l'on préfère, la
puissance de la personnalité de base qu'elle façonne
et tente d'imposer aux individus ; ou encore le degré
de conformisme qu'elle peut obtenir ? L'idéal du

bonheur est-il alors, à peu de chose près, le même pour tous, ou bien chacun, à l'intérieur de certaines limites, est-il livré à son imagination et à ses tendances personnelles? On pourrait ici reprendre la classique distinction établie par Riesman entre trois étapes successives dans l'évolution générale des civilisations [1]. Jusqu'à une époque relativement récente, c'est-à-dire surtout dans les sociétés archaïques antiques et médiévales marquées par une économie de pénurie où l'instinct grégaire et celui de la survie régnaient par nécessité, c'était la tradition qui façonnait l'idéal des individus. Chacun d'eux avait sa place dans le groupe comme l'abeille dans sa ruche, avec sa fonction, son but et, en vérité, il n'avait pas à se poser de problèmes. C'est ce même type de vie collective que Bergson a bien décrite sous le nom de « société close ». Dans ce contexte, on n'avait guère à se demander en quoi consistait le bonheur, ou bien si l'on avait le loisir d'y réfléchir, on ne songeait qu'à une sagesse valable pour tous et finalement à une sorte de félicité liée à l'accomplissement de la fonction sociale ou, à la rigueur, humaine, telle que la voulait la société.

La seconde phase, selon Riesman, commence à l'époque de la Renaissance, et c'est elle qui se prolonge encore dans la plupart de nos pays, sauf dans ceux où, comme c'est le cas dans les régions les plus hautement industrialisées des États-Unis, la civilisation de masse fait déjà poindre la troisième étape de l'évolution. La différence entre cette seconde forme de civilisation et la première, c'est que l'économie de pénurie y est peu à peu surmontée, en même temps que la population s'accroît. Le poids de la tradition, que justifiaient l'immobilisme du groupe et sa lutte collective pour la survie, est peu à peu rejeté,

---

1. David Riesman, *La Foule solitaire* (Édit. Arthaud, 1964).

et quand on entrevoit le règne de l'abondance et de l'expansion, chacun se lance pour soi-même dans l'aventure de la vie. Bref, c'est le triomphe de l'individualisme, que le XVIIIe siècle érigera en doctrine. On comprend que les théories du bonheur y aient fleuri, aussi diverses que prometteuses. Il n'y a plus de règles rigides, plus de ligne de conduite assignée à chacun, de génération en génération, mais seulement des orientations générales données par la famille et qui laissent une bonne marge d'action pour que l'intérêt de chacun s'accommode de celui des autres ; il n'y a plus une collectivité, mais des personnes qui ont à se forger leur propre impératif, leur but et leurs moyens, et à se faire leur place selon leur talent, leur ambition et leur chance. La personnalité de base ne donne plus de réponse stéréotypée à la question du bonheur. Ce n'est pas parce que vous êtes français ou anglais que vous saurez où vous devez le chercher. L'éducation vous donne surtout la conscience que vous en êtes le maître.

Mais voici que commence la troisième forme de la société humaine, celle qui est au-delà du traditionalisme et de l'individualisme, celle de la masse. Dans les nations hautement industrialisées, plus particulièrement dans les très grandes villes, surtout dans le Nouveau Monde et déjà partiellement chez nous, on en voit se dessiner les traits principaux, et c'est en tout cas, si l'on en croit Riesman, vers ce type de société que nous sommes en marche. L'homme ne sera plus formé ni par une éducation rituelle stéréotypée comme il l'était dans les sociétés archaïques semblables à la ruche ou à la fourmilière ; il ne sera plus fortifié dans son individualité par une imprégnation familiale comme il l'était dans les sociétés des siècles derniers. Il sera une sorte de robot pensant, soumis à l'action des moyens de communica-

tion, à la télévision, à la publicité. Son caractère
sera façonné non dans le foyer de ses parents mais
dans le milieu social, celui des gens de même âge,
de même profession. Modelé sans le savoir par une
collectivité apparemment débonnaire, il sera autant
que possible semblable à ses voisins, efficace et
sociable comme il se doit, et n'aura guère d'autre
vocation que de se perdre dans la foule. Son idéal
sera d'être intégré dans le monde moderne, d'y
acquérir le confort et d'étendre ses relations. Même
dans ses loisirs, il renoncera à sa personnalité et
« suivra le mouvement ». Bref, la formule de l'homme
heureux de demain, ce sera le conformisme. La personnalité de base, c'est-à-dire l'empreinte culturelle,
est donc en train de redevenir aussi forte qu'elle
l'était dans les sociétés archaïques, mais d'une tout
autre manière. L'individu, en effet, n'est plus trans-
cendé par le groupe, il n'est pas plus soutenu par le
mécanisme des traditions et pas plus arraché à sa
solitude qu'il ne l'était dans la phase individualiste ;
mais en même temps il n'a pas vraiment son libre
arbitre ni surtout son originalité. Il n'est ni un élément d'une totalité organisée ni un centre de déci-
sion personnelle, mais le reflet indéfiniment répété
d'un être social anonyme.

Une troisième question, que nous avons déjà
effleurée, pourrait ensuite être suggérée par le rapport entre l'individu et la culture : quelle place est
faite dans chaque type de civilisation à ceux qui ne
veulent pas s'y conformer, à ceux qui vont à contre-
courant. Sont-ils soutenus dans leur quête d'indépendance, ou bien « exclus de la horde »? C'est le
problème de la tolérance ou de la rigidité des cultures. Tout homme, selon le vieil adage, prend son
plaisir où il le trouve. Sans doute pourrait-on dire
que chacun aussi cherche son bonheur où il veut,
mais à la condition toutefois que la société le lui

permette. C'est ainsi que, dans une civilisation purement dionysienne, les gens de caractère doux et paisible peuvent avoir du mal à trouver leur place, tandis que dans une organisation apollinienne les turbulents, les arrivistes, les violents sont mis en quarantaine. Or, peut-on être heureux si l'on est contraint de refouler son caractère naturel ? Et comment le garçon calme et rêveur qui a eu la malchance de naître chez les Dobuans où toute l'éducation tend à faire de farouches guerriers et à développer l'agressivité des mâles, comment serait-il heureux puisqu'il ne peut concevoir le bonheur que dans la paix et l'harmonie, et que son entourage méprise ou persécute ceux qui ont un tel idéal et leur interdit toute félicité?

Par contre, Dieu merci, il est des cultures qui, plus souples, font place aux individualités aberrantes, à celles qui ne sont pas conformes à la personnalité de base majoritaire. Sans doute, comme le souhaite Ruth Benedict, le progrès des civilisations devrait-il aller dans ce sens libéral pour le grand bien de tous. Il faut que la nation bien policée et pacifique trouve le moyen d'utiliser les bagarreurs, de canaliser leur violence sans l'étouffer et de laisser leur personnalité s'épanouir librement dans un domaine où elle peut avoir son utilité ; et le peuple animé par un vouloir-vivre puissant et un grand esprit de compétition doit savoir, inversement, tirer profit des esprits rêveurs et poétiques, des paisibles et des sages qui cherchent leur bonheur dans un autre domaine que celui de la collectivité dionysienne. De même, un pays de jouisseurs devrait accepter les ascètes et tirer profit de leur exemple au lieu de s'en moquer. Bref, le monde serait sans doute plus sain et plus humain si la société était vraiment pluraliste, c'est-à-dire ouverte à tous les spécimens d'humanité et par conséquent à tous les types de bonheur que chacun d'eux peut trouver à son goût.

Dans le cas contraire, dans le contexte du conformisme exigeant, de la culture monolithique, du rejet des fantaisistes, des individus « différents » bref, selon la fiction d'Eugène Ionesco, dans un système où, si tout le monde est rhinocéros il n'y a plus de vie possible pour ceux qui ne veulent pas être pachydermes à cornes, il faut s'attendre à voir l'originalité devenir anomalie, l'idéal personnel tourner à la frustration et, finalement, la recherche d'un bonheur non stéréotypé être génératrice de névrose. Peut-être la psychanalyse est-elle chez nous une tentative d'ajustement de la part d'une société qui n'est pas suffisamment souple pour que s'y épanouissent tous les caractères biologiquement viables mais culturellement aberrants. De la civilisation antique qui condamne Socrate parce qu'il représente une sagesse en avance sur son temps, l'histoire nous fait passer au monde moderne qui n'impose pas sa tradition et se proclame ouvert à l'individualisme, favorable aux génies précurseurs, mais qui en réalité ne laisse aux non-conformistes d'autres paradis sur terre que celui de la névrose. Car la psychose, qui autrefois pouvait être acceptée ou même honorée comme une folie sacrée n'est plus que chose vulgaire à notre époque rationalisée et laïcisée. Si l'on constate maintenant, au moins dans les classes moyennes et plus adaptées à l'esprit du temps, une diminution des psychoses et une augmentation en pourcentage des névroses, ce n'est peut-être qu'un effet de la pression sociale qui accepte mieux la névrose comme signe d'une intégration insuffisante ou difficile, parce que le remède à cette névrose, à savoir la psychanalyse ou les techniques dans le genre du psychodrame et du sociodrame sont fort bien insérées dans le modernisme et finalement très conformistes. En effet, ces efforts pour traiter et aménager les névroses sont

fondés sur les relations sociales qui précisément
structurent l'idéal de la troisième phase sociologique
décrite par Riesman, ou bien encore, avec le freudisme, ils font coïncider la guérison avec une recherche
du bonheur qui est avant tout une récupération du
paradis de l'enfance, une réconciliation avec lui, et
nous avons déjà dit combien le modernisme tel
qu'il se dessine aux États-Unis instaure lui-même un
conformisme de classe moyenne qui s'accommode
d'infantilisme. Cela aussi nous fait comprendre pourquoi cette modernité exalte à la fois le bonheur-
confort semblable à celui du nouveau-né dans son
berceau et le culte de la jeunesse [1]. Le temps des
névroses apprivoisées par la technique de l'adulte
digérant perpétuellement son enfance est aussi celui
de la vogue des yéyés, de la vedette infantile, du
slogan « Place aux jeunes », de la relégation des
adultes dans la catégorie des « amortis ». Nous disions
que la culture de masse est celle de la femme mais
il faut, pour être plus précis, dire la « femme-enfant »,
ce qui est naturel si l'on songe à la parenté viscérale
qui existe entre la féminité et la puérilité. Finalement, à la bonne vieille folie succèdent les « névroses
d'organe », les maux de l'âme où la recherche du
paradis de la vie prénatale conduit aux troubles
physiques à base psychique, c'est-à-dire aux maladies
psychosomatiques. C'est ainsi que le mal du siècle,
la crise de l'ajustement au bonheur préfabriqué, ce
n'est plus la vaticination antique ni la mélancolie
distinguée, le spleen romantique, mais l'ulcère à
l'estomac, l'infarctus du myocarde, signes peut-être
d'une personnalité qui a du mal à rester dans le
rang. Les statistiques établies par les spécialistes de la
sociologie psychiatrique tendraient du moins à donner

---

1. Cf. Henri Lefebvre, *Introduction à la modernité* (Édit. de
Minuit, 1962).

quelque vraisemblance à de telles interprétations [1].

Une quatrième question ou, si l'on préfère, une autre caractéristique des diverses civilisations à l'égard de notre problème concernerait la cohérence des cultures. Il en est qui favorisent un idéal conforme à la réalité sociale, d'autres au contraire qui dissocient ces deux termes. Ainsi, les Navahos, pour les raisons que nous avons dites, sont élevés dans un état d'esprit peu propice à leur faire concevoir un bonheur ancré dans la vie présente de la tribu. Le choix existentiel de celle-ci reste en effet le dionysisme, alors que les conditions historiques en rendent impossible la réalisation. Inversement, dans la Chine traditionnelle, tout contribuait à orienter la méditation et l'idéologie vers une sagesse, telle par exemple que celle du confucianisme, parfaitement intégrée dans le système social existant. Dans ces deux cas, c'est le mode d'éducation qui est responsable de cette séparation ou de cette coïncidence entre l'image d'une vie reconnue comme heureuse et les principes sur lesquels est fondée la civilisation. Dans les cultures plus élaborées, il faut prendre ici en considération non pas seulement l'éducation proprement dite, mais aussi l'influence des penseurs, littérateurs, poètes et philosophes. Dans l'Antiquité classique déjà, ceux-ci mettaient en question l'éthique réelle de la société ; mais, en définitive, c'était, le plus souvent, pour la justifier par un détour. Ainsi Aristote et Platon, en partant de l'ironie socratique, faisaient accéder au rang de l'universalité ou de la transcendance une règle de vie heureuse qui était en parfaite harmonie avec la civilisation hellénique. Par contre, au XVIIIe siècle, la civilisation occidentale était à la veille d'une transformation qui ne se reflétait pas encore dans ses structures, mais qui se

1. Cf. Roger Bastide, *Sociologie des maladies mentales* (Édit. Flammarion, 1965), chap. V et p. 273.

traduisait par un certain désarroi dans les réflexions philosophiques. C'est encore une des causes de l'extrême diversité qui se manifestait à cette époque dans les théories du bonheur : les unes s'accommodaient tant bien que mal de l'éthique réellement vécue au même moment, d'autres flottaient entre le naturalisme et le christianisme qui, en fait, se faisaient concurrence dans les mœurs, et d'autres enfin cherchaient des voies nouvelles qui rendaient pratiquement impossible la réalisation du bonheur dans la société telle qu'elle se présentait à la veille de la Révolution. Au XIXe siècle la littérature poétique et romanesque, bien plus cette fois que la philosophie, développa des aspirations et créa même une sorte de mode en flagrante contradiction avec la vie quotidienne et terre à terre. Ainsi, tout au moins dans les classes cultivées, la période romantique se caractérise par un désenchantement entretenu sur le mode poétique, c'est-à-dire par une visée désespérée vers un bonheur présenté à la fois comme indispensable et irréalisable sinon d'une manière utopique.

La religion peut, elle aussi, mais d'une tout autre manière, resserrer ou distendre les liens entre le monde de la félicité et celui de la société. La religion païenne, d'une manière générale, étant elle-même en grande partie une fonction sociale, se borne tout au plus à projeter sur le plan du mythe ou de la transcendance les modèles de la culture réelle quand elle ne se borne pas à sacraliser l'idéal social. Le bonheur, dans l'Olympe, n'est qu'un archétype du bonheur accessible dans une cité grecque bien policée. Les religions de salut, et plus que toute autre, sans doute, le christianisme, enseignent qu'il faut renoncer à être heureux ici-bas et substituent le paradis des justes à la béatitude du citoyen parfait. Cependant, la Cité de Dieu peut avoir ses fondements dans la société d'en bas. Ainsi, le Moyen Age, pour l'essentiel, tend à créer sur terre une civilisation qui est comme l'antichambre du Ciel. En préparant son salut, l'homme qui met en pratique les préceptes de l'Écriture ne cherche pas sans doute à être heureux tout de suite et ne doit même pas s'en préoccuper ; mais il échappe du moins aux malheurs de la chair et son détachement permet une vie collective harmonieuse. La Réforme ira plus loin dans ce sens et tentera de donner une valeur aux œuvres sociales. Au XVIIIe siècle comme le note Mauzi, la recherche intensive du bonheur conduira enfin à une tentative de rapprochement et de réconciliation entre la morale mondaine et la morale chrétienne [1]. Il n'y a plus d'opposition entre la Nature et la Grâce ; la première est une manifestation de la seconde, le chrétien est en même temps un « honnête homme », parfaitement intégré dans son siècle. En 1727, le Père Calmel publie un livre au titre suggestif : *Méthode facile pour être heureux en cette vie et assurer son bonheur éternel*. Le chrétien est l'homme sociable par excellence, et, tout en assurant son salut éternel, il est le plus heureux dans ce monde. Ainsi, en définitive, pour voir quelle orientation une civilisation peut donner à la conception et à la recherche du bonheur, il faut mesurer le degré de fusion ou de séparation entre les aspirations qu'elle fait naître, par l'éducation, la philosophie, la littérature ou la religion, et les principes de vie qu'elle met en pratique dans l'organisation sociale, car, suivant les cas, la réflexion sur le bonheur sera ou non un sujet de tension pour l'individu tel que le définit la personnalité de base propre à telle ou telle culture.

La sociologie, pour établir des corrélations fonctionnelles entre les formes et les accentuations diverses du bonheur, d'une part, et, de l'autre, les

---

1. R. Mauzi, *op. cit.*, chap. V.

cadres sociaux, doit donc confronter la typologie générale du bonheur (apollinien ou dionysien, primordial ou secondaire, particulier ou universel, individuel ou collectif, objectif, subjectif ou transcendant, présent, passé, futur ou intemporel, relatif ou absolu) avec les nuances de la personnalité de base caractéristique de chaque culture, suivant que celle-ci tend elle-même vers l'apollinisme ou le dionysisme, suivant le degré d'intégration qu'elle impose aux individus (traditionalisme, individualisme ou conformisme), suivant sa force de cohésion et de contrainte (tolérance et pluralisme, ou bien rigidité et unitarisme) et, enfin, selon la cohérence plus ou moins grande entre sa réalité sociale et les idéaux qu'elle favorise par son éducation, par l'action de ses penseurs et par sa religion.

CHAPITRE XI

Ici et là, hier et demain

Les caractéristiques sociales orientant les groupes vers tel ou tel type de civilisation et vers une idéologie du bonheur apollinienne ou dionysienne sont fort complexes, et, dans leur enchevêtrement, on ne peut que repérer des directions générales. Par exemple, très schématiquement, ce sont les peuples nomades, pasteurs ou chasseurs, à religion solaire et à structure patriarcale qui, favorisant le caractère extraverti, présentent une personnalité de base en général dionysienne. Par contre, les agriculteurs, fixés au sol, sont moins portés à l'aventure et souhaitent l'existence paisible qui convient aux travaux des champs ; l'importance de la fertilité dans leur conception de la nature entraîne chez eux un attachement aux valeurs féminines et à leurs symboles. C'est ainsi que ces apolliniens laboureurs, sont parfois organisés selon le système matriarcal ou du moins matrilinéaire et, souvent, enclins à donner une place éminente aux femmes dans la vie du clan ou de la famille, et à adorer des divinités féminines ou lunaires.

Cependant, ces classifications rudimentaires entre les types de civilisation, même si elles pouvaient être menées plus loin et avec plus de minutie, ne pourraient concerner que des traits généraux d'une société, car, en vérité, chaque peuple est soumis à des variations dans ses comportements les plus fondamentaux. Il en est même qui changent de rythme et presque d'âme périodiquement, d'une manière cyclique. Ainsi les Eskimos vivent pendant l'été sous des tentes dispersées près des rivières, pour capturer des saumons et se livrer à la chasse au renne, tandis qu'en hiver ils se groupent en petites communautés sur la côte, habitant des huttes de neige et prenant pour gibier les morses et les cétacés. L'existence estivale est alors marquée par une sorte d'individualisme et c'est l'activité profane et pratique qui domine. Quand la saison froide regroupe les familles, celles-ci abandonnent en partie les mœurs patriarcales, et la vie collective, religieuse et mystique l'emporte sur les autres occupations. En Amérique, dans plusieurs tribus d'Indiens, on a observé une semblable alternance entre le régime de la dispersion estivale ou même du nomadisme et le regroupement hivernal qui fait renaître chaque année le sens communautaire. Il est donc probable que ces sociétés connaissent successivement, chaque année, deux formes différentes d'euphorie, l'une individualiste, l'autre collectiviste.

Certes, ces phénomènes de « double morphologie », particulièrement intéressants pour les ethnologues, ne sont que des cas très particuliers. Cependant, si l'on prend en considération non plus seulement les rythmes saisonniers mais les phases historiques que traversent les sociétés à travers les siècles, on doit convenir que chacune d'elles, tout en conservant un caractère propre, passe par des périodes différentes au cours desquelles ses manières de concevoir la vie et sans doute aussi le bonheur peuvent varier considérablement, de même qu'un homme, au cours de son existence peut changer plusieurs fois d'attitudes et même, d'idéal, selon les vicissitudes de sa propre histoire, tout en conservant la même personnalité.

Une même culture présente des aspects divers et suscite vraisemblablement des conceptions particulières du bonheur suivant les circonstances. En particulier, les guerres, les crises, les révolutions, les exaltations collectives lui donnent une tout autre coloration que les ères de calme, de sécurité, d'abondance, de relâchement. Par exemple, sous la République romaine, lorsque les vertus civiques étaient à leur apogée, le bonheur individuel passait à l'arrière-plan, et ce qui entraînait les citoyens, c'était ou bien le rêve dionysien de la domination ou bien la conquête d'une *pax romana* aux valeurs objectives, collectives, mais relatives. L'Empire romain, dès les débuts de la décadence nous offre un tout autre tableau. L'influence et la mode des philosophes grecs ont entraîné les esprits à l'étude de soi-même et la subjectivité le dispute à l'objectivité ou à la transcendance, cependant que le sens de l'universel et de l'absolu élargissent l'horizon. En même temps, la vie facile, le relâchement moral ont développé un appétit de jouissances qui donne la primauté à la recherche du plaisir et du bonheur à la fois. Pourtant, la tension entre la morale ancienne et les philosophies ou la dépravation créent un désarroi tel que la soif se manifeste, tant chez les intellectuels que dans le peuple, d'un idéal échappant à la fois à la collectivité, aux satisfactions immédiates objectives ou subjectives et à tout ce qui est relatif, limité. Le stoïcisme, en substituant à la félicité une résignation purement négative ne peut fournir qu'un alibi aux âmes d'élite. Le monde romain est alors prêt à recevoir le message du christianisme, à renoncer au bonheur pour la promesse d'un paradis qui n'a pas besoin d'être représentable mais auquel on demande surtout d'être au-delà des contradictions. Jusqu'à la Renaissance, le monde occidental s'efforcera tant bien que mal d'oublier les sollicitations d'un bonheur terre à terre aussi bien que les rationalisations de l'ataraxie ou de la sagesse philosophique. Les Barbares, en proie à la fureur dionysienne, ne songent guère à la question, et, quand leur victoire les démobilise, ils n'ont plus qu'à se plier à l'ordre nouveau pour être des civilisés à part entière. Puis c'est le reflux de l'Antiquité refoulée qui, en apparence, s'intègre dans l'éthique chrétienne, mais qui, en réalité, chemine comme un courant souterrain. Avec Rabelais comme avec les poètes de la Pléiade, voici que l'on s'interroge de nouveau sur la situation de l'homme ici-bas, sur ses états d'âme et qu'on songe à un bonheur qui pourrait être donné tout de suite, soit dans les jouissances personnelles des sens ou plutôt de l'esprit, soit dans le club libéral de l'abbaye de Thélème, dont la devise « Fais ce que veux » indique bien la confiance faite à la nature humaine pour sa propre félicité. Le divorce entre ces nouvelles aspirations plus ou moins suspectes et le discrédit jeté par les dévots sur toute recherche d'un accomplissement terrestre se poursuit pendant l'époque du classicisme. Puis le siècle des lumières voit les digues s'effondrer : non seulement l'épicurisme et le naturalisme viennent mettre en honneur toutes les formes de bonheur possibles, mais encore, nous l'avons vu, on tente de concilier celles du monde avec celles du Ciel. Voici de nouveau que l'ébranlement d'un ordre social vermoulu et discrédité conduit au pluralisme des valeurs et au désarroi qui fait pressentir un nouvel idéal. Mais cette fois il ne vient pas d'en haut.

La Révolution française tente une laïcisation du bonheur ; mais bientôt les philosophes sont dépassés et la tension sociale met fin à la sérénité apollinienne. En vain les Girondins essayeront-ils de ressusciter les vertus stoïciennes ; c'est, avec la Terreur, le triomphe d'une mobilisation nationale qui submerge tout sous une vague dionysienne. On ne songe plus qu'à se battre pour un ordre futur, ou bien simplement survivre. Le lâche soulagement des thermidoriens fait un moment passer le frisson d'un bonheur peu exigeant, avant que l'épopée napoléonienne, non sans équivoque, rétablisse l'État chrétien tout en enseignant qu'il y a mieux à faire qu'à vouloir être heureux ici ou là-haut. Le monde est trop occupé, en tout cas, à se battre, à conspirer et à voir la révolution se muer en ordre moral pour se donner des formules de bonheur. A chacun de trouver la sienne s'il a le temps d'y penser.

Pourrions-nous continuer jusqu'à nos jours cette promenade cavalière à travers les âges en notant ainsi les orientations générales de notre civilisation à l'égard de notre problème ? Non, car la civilisation occidentale se diversifie de plus en plus au moment où elle entre dans l'âge industriel. Sans doute y avait-il déjà quelque artifice à embrasser du même regard toute la société romaine avec ses aristocrates, sa plèbe et ses esclaves, ou bien l'Ancien Régime avec ses nobles, ses marchands, ses paysans, car de haut en bas de l'échelle sociale, le point de vue sur le meilleur moyen d'être heureux ne pouvait être le même. Mais, malgré tout, les passages de l'austérité à la décadence, de l'apollinisme au dionysisme, de l'unitarisme au pluralisme, du paganisme au christianisme y étaient plus ou moins sensibles partout. Il est vrai aussi que, sous l'Ancien Régime, la noblesse d'épée conservait une éthique où l'honneur avait préséance en principe sur le bonheur, cependant que la bourgeoisie prenait déjà le visage qu'elle allait garder après avoir conquis à son tour le rôle de classe dirigeante. Au XVIIIe siècle, en tout cas, le bonheur bourgeois est déjà quelque chose de spécifique. Mais les autres personnages de la civilisation des classes sociales ne sont pas encore en place, ou bien n'ont pas encore conscience de leurs particularités dans ce domaine. Karl Marx a fort bien vu que la lutte des classes était fille de l'industrialisation. Nous voici donc, au point où nous étions arrivés en feuilletant le livre de l'histoire, contraints de lire plusieurs partitions, et peut-être, pour certaines, de revenir un peu en arrière.

On pourrait se demander si les bourgeois n'ont pas inventé une certaine forme de bonheur, qui, sans être énoncée comme idéologie, aurait, finalement, plus que toute autre, marqué l'aube de la civilisation moderne. Aussi bien les marxistes que les historiens classiques sont d'accord pour estimer que cette classe sociale a joué un rôle considérable, depuis le XVIIe jusqu'au XXe siècle, dans la formation de la civilisation occidentale, de la culture qui l'exprime et de l'idéologie qui la justifie. On pourrait, certes, en chercher les origines bien plus loin dans le temps ; mais la bourgeoisie médiévale est encore régie par des valeurs morales qui devront être abandonnées pour que puisse commencer la véritable expansion sociale des commerçants et des légistes qui ont créé l'éthique bourgeoise proprement dite destinée à s'imposer dans de nombreux pays et notamment en France. La manière de concevoir la vie au Grand Siècle aurait scandalisé les marchands privilégiés des villes féodales [1].

La *Weltanschauung* bourgeoise possède tous ses traits spécifiques et en a pleine conscience au XVIIIe siècle, où son emprise sur la société se

1. Régine Pernoud, *Histoire de la bourgeoisie en France* (Édit. du Seuil), t. II, p. 616-619.

fait à la fois avouée et impatiente. Ce n'est probablement pas par hasard que cette même époque est également celle où l'on parle et l'on se préoccupe le plus du bonheur. Pourquoi cette connivence entre cette aspiration et cette classe ?

D'abord, peut-être, parce qu'elle ne cherchait pas son inspiration principale dans l'Église comme elle l'avait fait au Moyen Age et comme continuait de le faire le bon peuple sincèrement et, officiellement encore, quoique parfois hypocritement, une noblesse inséparable de son passé. Le courant naturaliste, y trouvant un terrain favorable, faisait surface dans la bourgeoisie, et l'idéal du Paradis, même s'il continuait d'être accepté, ne supportait plus, aux yeux de ces hommes entreprenants, la concurrence avec le profit qu'on peut avoir tout de suite sur terre à mener une vie bonne et bien ordonnée. Sans doute la bourgeoisie n'est-elle pas toujours en rébellion contre le christianisme, et il lui arrivera de le défendre quand elle y verra le garant de la stabilité sociale. Selon les années, elle pensera qu'il faut conserver une religion pour le peuple, trop ignare pour s'en passer sans faire des sottises, ou même qu'il est de bon ton pour elle de fréquenter les églises, tout au moins d'y envoyer les épouses et de faire élever les enfants dans les écoles libres parce que c'est un moyen de se distinguer du commun. Et, bien sûr, il y eut de tout temps des bourgeois sincèrement pieux. Mais ils ne le furent pas en tant qu'appartenant à cette classe. L'essence de la bourgeoisie se définit par rapport à la vie laïque et profane ; la religion ne peut avoir avec elle que des rapports accidentels, même quand elle trouve en elle se meilleure alliée. Le bourgeois radical et anticlérical de la troisième république participe à la même conception de la vie que le capitaliste de la Restauration attaché au trône et à l'Église. On peut ou non penser à son salut dans l'au-delà, cela n'empêche qu'on organise son existence en fonction d'une certaine forme de bonheur bourgeois, quitte à professer d'ailleurs que la seconde prépare le premier.

Ainsi réduit à ses dimensions terrestres et à ses fonctions sociales, qu'est-ce que le bonheur bourgeois ? On sait bien, dès le XVIIIe siècle, de quoi il est fait. Voici la description qu'en donne ironiquement Diderot :

« Heureux, cent fois heureux, M. Baliveau, capitoul de Toulouse ! C'est M. Baliveau qui boit bien, qui mange bien, qui digère bien, qui dort bien. C'est lui qui prend son café le matin, qui fait la police au marché, qui pérore dans sa petite famille, qui arrondit sa fortune, qui prêche à ses enfants la fortune..., qui fait placer sûrement ses fonds ; qui se vante de n'avoir jamais été enveloppé dans aucune faillite ; qui vit ignoré... et pour qui le bonheur inutilement envié d'Horace, le bonheur de mourir ignoré fut fait [1]. » Il est vrai que l'épicurisme bon enfant de l'Antiquité avait déjà évoqué cet idéal médiocre, cette *aurea mediocritas*, et l'on peut trouver parmi les contemporains d'Horace les précurseurs de l'éthique bourgeoise. Mais, au siècle des lumières, après une longue période de mysticisme ou de moralité chrétienne, ces principes ont une force nouvelle, et ils sont moins des thèmes de dissertation philosophique qu'une forme d'existence mise en pratique par la véritable classe dominante, celle du moins qui se prépare à faire l'histoire dans les années qui viennent. Jusque vers le milieu du XIXe siècle, la classe sociale qui se définit par la possession de certains biens matériels et une certaine puissance économique ne craint pas

---

1. Diderot, *Œuvres complètes* (Édit. Asserat-Tourneux), t. XI, p. 126.

de se proclamer bourgeoise, avec tout ce que cela comporte. Plus tard, personne n'acceptera d'être bourgeois, bien que cette catégorie sociale n'en continue pas moins de subsister, de garder son importance ou même de l'accroître, et de rester au fond fidèle à elle-même. Mais si l'on veut étudier la mentalité bourgeoise, il faut la saisir au moment où elle s'affirme et se délecte d'être ce qu'elle est. Le bonheur bourgeois, c'est donc d'abord une certaine position sociale, c'est l'argent, la sécurité, c'est-à-dire un ensemble de conditions objectives auxquelles s'ajoute, si Dieu le veut, une bonne santé. C'est aussi, du point de vue subjectif, la quiétude dans une existence ordonnée et la pratique de certaines vertus sans lesquelles cet ordre n'est pas possible. L'horizon où se situe et se goûte une telle sérénité, c'est celui de la famille, celle-ci obéissant à des règles bien définies. On ne cherche pas l'imprévu, on fuit l'aventure ; on s'applique, de père en fils, à accroître les moyens de maintenir ou de consolider la position sociale qui seule permet à la famille d'être à l'abri des vicissitudes que connaît le même peuple, et l'on ne s'engage pas non plus dans la voie brillante mais peu sûre où la vieille noblesse est allée chercher son pouvoir. Le plaisir ni la joie ne sont donc essentiels à ce bonheur. Pour un peu, ils lui seraient suspects. Ainsi, bien que la bourgeoisie fasse preuve, en affaires, d'un esprit d'entreprise évident et même d'un goût du risque calculé, c'est entre les murs de la maison familiale, dans une intimité terne mais inaltérable qu'elle cherche un bonheur très apollinien. Naturellement réduit à ce cadre, il se suffit à lui-même et se caractérise par un égoïsme sacré. La pratique de la charité ou de l'altruisme n'est d'ailleurs pas déconseillée quand elle contribue à maintenir l'ordre, à donner bonne conscience ou encore à

maintenir le rang, ce qu'on appellera plus tard le
« standing ». La pratique de la religion ou de la
laïcité ne change rien à tout cela, mais au contraire
s'inscrit dans le même cadre. S'il fallait reprendre
ici les termes de notre typologie, nous dirions que
le bonheur bourgeois est primordial, universel dans
son monde propre, individuel, en partie subjectif
mais plus fondamentalement objectif, orienté vers
le présent, et absolu en ce sens qu'il repose sur des
règles considérées comme définitives et non point
relatives à telle situation particulière. En tant qu'il
est par vocation apollinien, il s'applique à la personne dominant ses passions, il est en repos et il
fait prédominer l'être sur l'existence.

Mais ce dernier point peut prêter à contestation
et nous place au cœur du problème. Il est en effet
piquant de noter ici le désaccord de deux interprètes particulièrement clairvoyants de cette réalité
sociologique. Écoutons d'abord Robert Mauzi :
« A la différence du noble, le bourgeois n'associe
pas l'idée de richesse à l'idée de grandeur... Cela
signifie que le bourgeois n'emploie pas sa richesse
à *paraître*, mais qu'elle lui est nécessaire pour
être[1]. » Il cherche, dit le même auteur, « l'affirmation de son être » dans la poursuite et la mise en
réserve des biens matériels », non pas tellement
pour le vain plaisir d'amasser, mais plutôt pour
mettre de l'ordre dans ce qu'il a et dans sa propre
vie. Donnons maintenant la parole à Henri Lefebvre
« Le bourgeois n'étant que par ce qu'il a, et ce qu'il
a le fuyant, il n'existe vraiment qu'en gaspillant
ce qui le fait être. D'où l'importance de la *consommation somptuaire* si bien aperçue par T. Veblen.
Ce qu'il a et ce qu'il est ne valent donc pour le bourgeois que dans un *paraître* qui les concilie. On dépense

---

1. R. Mauzi, *L'Idée du bonheur au XVIIIe siècle*, p. 271.

pour paraître et pour paraître il faut dépenser. En paraissant, on a véritablement ce que l'on a, et l'on est ce que l'on est. Le paraître, extérieur à l'être et à l'avoir, va donc les dominer en leur conférant une *réalité*[1]. » La noblesse, dit encore Henri Lefebvre, constitue une essence ; elle ne tient pas à ce qu'on a mais à ce qu'on est, et si, pour elle, le paraître n'est pas sans importance, du moins est-il subordonné à l'être. La bourgeoisie, au contraire n'existe que par ce qu'elle a, et ne peut prétendre à l'être que par le paraître, qui lui assure la considération et la distinction. Or ces qualités ne lui sont assurées que par le respect des règles et par l'ordre dans la vie ; c'est pourquoi son bonheur n'est possible que par cette voie.

La contradiction entre ce jugement et celui de Robert Mauzi n'est peut-être qu'apparente. Du moins sont-ils d'accord sur le rôle essentiel de l'ordre du « paraître » : il s'explique finalement selon Henri Lefebvre par le manque d'être et le besoin d'être. Il est possible que, selon les cas ou les époques, les bourgeois fassent ou ne fassent pas étalage de ce qu'ils possèdent. L'important, pour nous, c'est qu'ils cherchent à se donner un statut et, plus encore, à se donner une essence que la naissance ne leur confère pas d'emblée. Pour y parvenir, ils organisent leur existence d'une manière stable et bien rangée, en l'asseyant sur une fortune qui peut ou non servir à paraître mais qui, de toute manière, est une objectivation de leur bonheur. Et, même si ce n'est pas la dépense somptuaire qui affirme le rang, du moins Robert Mauzi devrait-il reconnaître que l'ordre, lui, a besoin de la consécration d'autrui, donc, en un certain sens, du « paraître ».

1. H. Lefebvre, *Changements dans les attitudes morales de la bourgeoisie* (in *Cahiers internationaux de sociologie*, vol. XXI, 1961), p. 27.

Ce bonheur bourgeois est sévère et implique le sacrifice de toute frivolité. Voyez, dans *Les temps difficiles* d'Édouard Bourdet, le personnage qui incarne le mieux et qui professe hautement, cyniquement mais non sans grandeur, les vertus de sa classe : Jérôme. Il avoue qu'il a volontairement renoncé à bien des plaisirs, qu'il a passé sa vie à travailler pour maintenir le rang de la famille. L'ennui, sans doute, aurait pu remplacer le bonheur dans ce programme rigide. Mais l'ennui, précisément, il n'a pas eu le temps de le connaître. Parce qu'il ne mettait pas en question les règles de son existence, il n'avait pas à supposer que le bonheur pût se trouver ailleurs. Seule la débâcle financière, la perte de son statut de grand bourgeois lui ôte sa certitude, l'amène à se demander si, après tout, le bonheur était vraiment là où, depuis des générations, sa famille le connaissait. Il faut sortir de l'univers bourgeois, perdre la certitude congénitale pour mettre en doute le bonheur bourgeois. Celui-ci, tant qu'il reste dans son propre cadre, n'a pas besoin d'être démontré : il coïncide avec l'ordre qui le définit. Que cet idéal soit mesquin, terre à terre, qui songerait à le nier ? Mais le bourgeois, pour s'y complaire, a deux solutions : ou bien s'y enfermer assez bien pour n'avoir pas le loisir de lever son regard plus haut, ou bien, oubliant ou tempérant l'égoïsme de ses principes, se convaincre qu'en définitive une vie bien réglée est la condition du salut et permet d'espérer une félicité totale dans un autre monde. Du moins, à coup sûr, ce bonheur terrestre est-il parfaitement ajusté à la condition humaine. Il n'est donc point surprenant qu'il ait plus ou moins servi de modèle à toute une civilisation. L'emprise de l'éthique bourgeoise sur le monde occidental, et même partiellement au-delà depuis le xviie siècle jusqu'à une date récente, est évident.

Le début de l'industrialisation et l'avènement du grand capitalisme lui ont donné un champ d'action plus grand, en l'inclinant toutefois vers un certain dionysisme : l'esprit de conquête, le désir d'expansion illimitée ont peu à peu terni sa sérénité et sont peut-être une des causes de son déclin, en faisant naître en son sein ou plutôt en rendant manifeste une contradiction qui n'est au fond que l'éternelle antithèse entre la sécurité du conditionnement et la puissance de l'inconditionné. Cependant, les autres classes sociales en voie de formation, et notamment la nouvelle classe moyenne, en quête d'un idéal propre, n'ont pas manqué d'éprouver la séduction du bonheur bourgeois, signe ou gage de l'ascension sociale. L'aristocratie, en sens inverse, désemparée par la perte de sa fonction spécifique, moins sûre qu'autrefois de posséder l'être et privée de sa vocation dionysienne, se replie ou s'endort volontiers dans l'ordre bourgeois.

Mais celui-ci, en même temps, est miné du dedans, pour d'autres raisons encore que la contradiction entre l'esprit de lutte et la tranquillité, ou celle de la dépense somptuaire et de la possession. C'est ici, notamment, que la recherche du paraître conduit à une impasse quand les fondements de l'être sont mis en cause. Pour garder sa certitude, pour se satisfaire de ses règles terre à terre, la bourgeoisie a besoin d'être approuvée. Le jugement d'autrui lui est essentiel, et il ne lui suffit pas pour cela, comme le suggère Henri Lefebvre, d'être considérée et distinguée grâce à son « standing », à l'évidence de sa fortune, de ses moyens matériels. Il faut que la vérité de son bonheur ne soit pas contestée. C'est d'une part la raison de cette espèce de prosélytisme qui a fait rayonner son idéal comme un modèle pour toute une civilisation ; c'est aussi, d'autre part, la cause de son extrême vulnérabilité, de sa sensibi-

lité aux critiques mettant en cause ses principes.
Le ridicule ne tue pas toujours ; il blesse tout au
moins, et pas seulement en France. Quand Molière
se moquait du bourgeois gentilhomme, il égratignait
seulement l'épiderme de la classe ascendante ; il
visait ses prétentions à être autre chose qu'elle
même. En fin de compte, loin de lui faire perdre son
assise, il la ramenait à sa vocation propre. Et si les
règles bourgeoises, dans ces comédies, paraissaient
s'opposer à d'autres exigences humaines, notamment
à la jeunesse et à l'amour, tout finissait par rentrer
dans l'ordre, si bien qu'au dénouement le bonheur
réintégrait les normes bourgeoises. Au XVIIIe siècle,
quelques penseurs comme Diderot pouvaient bien
en signaler les insuffisances ; il n'empêche que les
philosophes, dans l'ensemble, faisaient confiance à
ces règles pour promouvoir une société conforme à
la raison et au progrès. Mais, au XIXe siècle, voici
que les écrivains attaquent de front le bonheur ancré
dans la condition humaine. Ils inventent le « mal
du siècle » pour déconsidérer les valeurs médiocres.
L'assaut déclenché par les romantiques ne fera que
s'amplifier. Une véritable mode se créée, sous l'influence d'une catégorie sociale, celle des intellectuels, qui, comme l'a bien vu Mannheim, n'est à
vrai dire liée à aucune classe. Le bourgeois devient
un « affreux », par essence. Son bonheur n'est plus
que dérisoire. Romanciers, dramaturges, poètes,
philosophes, historiens, tout ce qui pense dans la
Cité entre en guerre ou en rébellion contre l'ordre
trop satisfait de lui-même. Comment pourrait-on
être heureux sans fantaisie, sans rêve, sans aventure ?
On ne dit pas, il est vrai, comment on le sera vraiment en abandonnant l'égoïsme et la sécurité. Mais
l'important est que la confiance soit ébranlée, que
la classe nantie se pose des questions, qu'elle ait
honte d'être heureuse à si bon compte. Qui vou-

drait encore maintenant se dire bourgeois ? Le mot même est discrédité. En outre, les doctrines philosophiques et sociales, le mouvement même de la civilisation condamnent l'individualisme et le relativisme de classe. Le bonheur ne peut plus être pensé à l'échelon de la famille ou d'un groupe fermé.

Dès lors, les bourgeois se raccrochent à d'autres valeurs, font même profession d'abandonner celles de leurs ancêtres. Ils hurlent avec les loups, professent des convictions d'avant-garde, se piquent de surréalisme, s'intellectualisent, jettent leurs bonnets par-dessus les moulins, se haussent vers l'aristocratie ou s'encanaillent, cherchent à se distinguer non plus des autres classes mais de leur propre classe en la reniant ou simplement en la niant. Les règles familiales leur semblent pesantes ; ils suivent la mode, même en morale. Et si, au fond, ils n'ont changé qu'en apparence et pour la galerie, l'important est que le mode d'existence bourgeoise dont, peut-être, ils sont toujours prisonniers malgré les airs qu'ils se donnent, ne leur paraît plus une fin en soi. Ils ne s'y endorment qu'avec mauvaise conscience. Bref, ils n'y sont plus heureux, du moment qu'ils ne sont pas assurés que le vrai bonheur est là. Ils sont condamnés à le chercher, à savoir qu'ils ne l'ont pas trouvé. Le monde moderne avec la « culture de masse » leur ferme des portes, leur en ouvre d'autres. Ils ont quitté le port, et, comme tout le monde, voguent sur la haute mer. « Avec la libre jouissance, avec la quête du vrai bonheur, écrit très justement Henri Lefebvre, le bourgeois a découvert l'ennui et l'inquiétude, et même le désespoir et l'angoisse à la place du souci [1]. » En bref, ce qui, du point de vue économique, correspond de nos jours à la bourgeoisie refuse de se reconnaître sous

---

1. H. Lefebvre, *op. cit.*, p. 40.

ce nom et n'a plus d'attitude propre à l'égard du
bonheur. C'est cette classe sociale qui a légué à notre
civilisation un certain archétype de vie heureuse
dans la consolidation d'une situation sociale, dans
une existence étroitement mesurée au niveau humain
et dans des règles qui permettaient une certitude.
Maintenant, cet héritage dont elle se détourne subsiste tout au plus comme une faiblesse qu'on n'ose
avouer, ou bien peut-être aussi comme une tentation
pour ceux qui sont plus bas dans l'échelle sociale.
Il n'y a plus une bourgeoisie, mais une classe possédante, riche ou aisée qui se targue d'accéder à des
valeurs venues d'ailleurs, soit de l'aristocratie, soit
de l'intelligentsia, ou qui peu à peu s'abandonne aux
normes de la classe moyenne, de la « foule solitaire ».
Dans le premier cas, on feint de se préoccuper assez
peu du bonheur, précisément parce qu'on l'identifie
à ces valeurs bourgeoises passées dont on a honte,
et l'on se tourne vers d'autres idéaux, par exemple
ceux de la religion, ceux de l'action sociale ou politique, ceux de l'intelligence, de l'art, ou même du
plaisir tout court. Dans le second cas, c'est la conception moderniste des techniques du bonheur qui
s'impose, avec la recherche du confort matériel, le
conformisme, et toutes les images collectives trans-
mises par la publicité, le cinéma, la télévision. La
classe moyenne, qui devient le pivot de la civilisation à l'américaine, n'a même plus à se questionner
sur une définition du bonheur ; elle lui est donnée,
« en prime », par tous les organes de diffusion qui
lui imposent pour vocation de consommer les produits d'une industrie en progrès constant. Être
heureux, c'est être parfaitement adapté à la culture
de masse.

Il reste cependant, et pour longtemps peut-être,
quelques catégories sociales qui échappent à cette
uniformisation dans la félicité moyenne. Ce sont,

d'une part, les survivants de l'aristocratie et les grands bourgeois ralliés à eux, accrochés à une éthique sans présent qui leur promet la grandeur solitaire à condition de renoncer au bonheur collectif. Ce sont aussi les « intellectuels » toujours en quête d'un absolu qu'ils cherchent tant bien que mal à faire sortir du subjectivisme pour le mettre en accord avec une civilisation technicienne foncièrement relativiste. Pour eux, le bonheur est sans cesse mis en question ; il ne saurait être une idée-force à fonction dionysienne, ni un repos apollinien dans l'être que déborde l'historicité des temps modernes.

Enfin, au niveau inférieur de la hiérarchie socio-économique, il reste une autre frange qui ne participe pas au nivellement des valeurs par la culture de masse : c'est celle dont Oscar Lewis nous a donné une image dans le livre où il étudie une famille pauvre des faubourgs de Mexico [1]. C'est dans tous les pays modernes qu'on peut observer ce « lumpenprolétariat » qui a ses normes d'existence en marge de la société globale, avec ses façons de penser et d'agir caractéristiques. Il y a bien, comme le dit Oscar Lewis, une « culture des pauvres » qui peut être appelée, si l'on veut, une « sous-culture », mais qui est au fond la même partout, dans les bidonvilles de la banlieue parisienne, dans une *veciudad* de Mexico comme dans les taudis de n'importe quelle autre grande ville d'Europe ou d'Amérique. Malgré les différences individuelles, l'ensemble des êtres humains qui naissent et vivent dans cette ambiance particulière des « bas-fonds » obéit à des modes de vie bien définis, quels que soient les efforts déployés pour y échapper. Les principaux traits de cette culture des pauvres, tels que nous les révèlent les confessions de la famille Sanchez et tels qu'on

---

1. Oscar Lewis, *Les Enfants de Sanchez* (Édit. Gallimard, 1963).

pourrait les dégager de n'importe quelle étude faite sous d'autres cieux dans un contexte analogue sont : l'assimilation de la virilité au courage physique, une certaine indifférence méprisante à l'égard des règles et lois de la civilisation des autres classes et de la société dominante, une espèce de fatalisme, une difficulté d'insertion et la recherche d'une solution dans l'alcoolisme, le jeu, la sexualité. Les valeurs dionysiennes sont en grand honneur : la violence, le goût du risque trouvent là une consécration analogue à celle dont on les gratifie dans ce que nous appelons « le milieu ». Mais si l'on se révolte contre la société des autres classes, qualifiées de bourgeoises, on n'en est pas moins résigné à son sort. On se sent lié à ce monde et vouloir s'en échapper serait à la fois une entreprise vaine et une trahison. Bref, la culture des pauvres, telle qu'elle apparaît dans ce document vivant présenté par Oscar Lewis, se situe en deçà du seuil où le bonheur est conçu comme une possibilité. Y trop penser serait même se déconsidérer et manquer aux vertus viriles qui dominent dans cet univers.

En dehors de ces catégories marginales et de la classe moyenne qui, inversement, tend à se constituer comme modèle universel, y a-t-il place, dans la société moderne, pour d'autres attitudes collectives à l'égard du problème du bonheur ? Il resterait à parler des ouvriers, des paysans. Deux perspectives sont alors ouvertes. Ou bien il se développe là une « conscience de classe » avec son idéal propre, comme le conseilleraient les marxistes, ou bien on attend du progrès technique qu'il permette une promotion vers le mode de vie des classes moyennes dont on accepte par avance les valeurs. En réalité, les deux termes de cette alternative ne sont pas aussi opposés qu'il semble au premier abord. Les théoriciens marxistes seraient les premiers à admettre que dans les pays socialistes ou communistes la conscience de classe, qui était un produit des contradictions capitalistes, est appelée à se résorber dans une société sans classes. De la sorte, il n'y aurait aucun scandale, bien au contraire, pour eux, à admettre que l'avenir appartient à une culture universaliste qui, nous l'avons dit, se rapproche de plus en plus d'une sorte de paradis de la civilisation technicienne. Et, dès lors, le bonheur des classes moyennes en pays capitaliste pourrait bien être assez semblable au bonheur tout court pour un monde qui aurait effacé les différences de classes. Inversement, si nous adoptions maintenant non plus le point de vue des marxistes mais celui des sociologues américains, l'élévation du niveau de vie liée au développement industriel devrait, au sein même du système capitaliste, affaiblir la conscience de classe, si bien que le bonheur de la « foule solitaire », celui de la culture de masse serait aussi celui de la masse, celle-ci participant de plus en plus à la consommation des biens matériels. D'ailleurs la synthèse entre ces deux interprétations pourrait être trouvée dans les jugements portés par des sociologues d'inspiration marxiste. La nouvelle classe ouvrière telle que la décrit Serge Mallet n'a-t-elle pas pour revendication principale de participer davantage à la consommation, et à la gestion de la société qui se nourrit des idéaux moyens [1] ? Lucien Goldmann, de son côté, en analysant les causes de l'affadissement culturel dans notre société, dénonce principalement un effondrement de la conscience de classe dû notamment à l'insidieux effet lénifiant de la technocratie.

Ainsi, de quelque côté qu'on se tourne, on a l'impression que le bonheur fabriqué, tel que nous l'avons décrit dans le VIe chapitre de ce livre, devient un archétype du monde moderne qui attire à lui

[1]. S. Mallet, « La nouvelle classe ouvrière » (in *Cahiers internationaux de sociologie*, vol. XXXVIII, 1965).

les reniements de l'ancienne bourgeoisie comme les ambitions des nouvelles couches techniciennes et ne laisse d'autre horizon qu'aux catégories marginales, celle des aristocrates, celle des intellectuels, celle des pauvres, en attendant peut-être de les convertir elles aussi.

Mais au lieu de prendre le problème, comme nous venons de le faire, en partant des évolutions de la classe dominante, c'est-à-dire d'abord la bourgeoisie puis la classe moyenne pour tenter de trouver la charnière entre un passé récent et un avenir qui se dessine déjà, nous pourrions d'emblée prendre en considération le monde actuel, pour voir comment il se structure par rapport au bonheur et comment il peut le concevoir. De ce point de vue, plusieurs divisions peuvent s'imposer : d'abord celle de l'Orient et de l'Occident, puis celle des pays socialistes et des pays capitalistes, enfin celle des pays industriels et du Tiers Monde.

La première de ces oppositions tend à devenir de plus en plus artificielle. Par exemple, la célèbre étude d'Oswald Spengler sur le déclin de l'Occident vise en réalité une forme de civilisation fondée sur la domination du machinisme et de l'argent qui, à l'heure actuelle, ne coïncide plus avec les frontières géographiques de l'Occident. L'industrialisation, en effet, se trouve engagée dans des contextes sociaux différents non point suivant les limites anciennes des cultures traditionnelles, mais au gré des caprices de l'histoire qui ont fait naître en Chine un système idéologiquement semblable à celui de la Russie, cependant que le Japon cherche sa voie sur les mêmes chemins que les États-Unis. C'est plutôt dans les inspirations religieuses qu'on trouverait une ligne de clivage plus actuelle, du fait que les traditions spirituelles persistent après que les systèmes de croyance officiels ont disparu. La Chine laïcisée gardera peut être encore longtemps des habitudes d'esprit qui, dans un tout autre domaine que celui de la politique, de l'organisation sociale et même de l'éducation, feront d'elle l'héritière d'une civilisation différente de la Russie autrefois orthodoxe. On pourrait donc se demander si les conceptions du bonheur, au-delà des oppositions entre socialisme et capitalisme, ne restent pas marquées par des formes de pensée orientées par les traces vivantes ou éteintes de plusieurs siècles de religion. L'Occident pourrait être alors défini comme tel par tout ce qu'il conserve du message judéo-chrétien. En quel sens ? Le problème est complexe. D'une part, les grandes religions de salut font prédominer le paradis sur le bonheur terrestre et, tout au plus, peuvent légitimer ce dernier comme le statut affectif et provisoire d'une âme qui attend sa rédemption. Il est vrai que l'islam également propose une félicité pour les justes après la mort. Mais le fatalisme qui régit son éthique terrestre et surtout le caractère hédoniste de son paradis le conduisent à tirer d'autres conséquences de cette hégémonie morale du bonheur d'outre-tombe. D'autre part, le christianisme donne à l'individu un sens de la responsabilité personnelle et de la valeur du destin humain qui le conduit à prendre en considération immédiatement le bonheur d'autrui et même celui de la société. De ce point de vue, nous l'avons dit, les nuances ne sont d'ailleurs pas négligeables entre l'orthodoxie, le protestantisme et le catholicisme. En particulier, les études de Max Weber sur l'éthique protestante montrent bien quel lien peut s'établir, par médiation, entre une certaine conception du salut et la notion de bonheur de la bourgeoisie classique, celle du capitalisme de la première période industrielle. Mais le christianisme dans son ensemble s'oppose ici au bouddhisme qui, plus encore que l'islamisme, pourrait définir la tradition latente de l'Orient. Certes, la pratique de la charité prend des allures semblables ici et là. Mais le renoncement de soi-même y est tout différent. L'idéal du nirvâna, de l'anéantissement, se fonde sur une disqualification totale de la condition humaine. Celle-ci, au contraire, a, dans l'horizon chrétien, une fonction propre. Elle est située entre deux paradis, et l'homme, par là même, est fait pour être heureux. C'est la faute originelle qui l'empêche de réaliser tout de suite la plénitude d'être qui lui était donnée au moment de la Création. En se rachetant, il ne tourne pas le dos à ce qu'il y a de plus humain en lui, ni même à l'histoire, mais seulement au péché qui a creusé la distance entre lui et son bonheur. Bref, l'existence est ici une problématique dont la seule solution possible est l'être heureux, de sorte que le bonheur, sous une forme ou sous une autre, reste une espérance nécessaire de l'homme. Et quand l'Occident chrétien, ici ou là, se détourne du message de Jésus, il n'oublie jamais complètement cette promesse ; il cherche à la retrouver par d'autres voies, sur d'autres plans.

Au contraire, l'Orient bouddhiste, marqué par le bouddhisme ou implicitement attiré par le bouddhisme ne voit pas de lien essentiel, congénital entre l'homme et le bonheur. Il se peut qu'en se dégradant cette religion accepte le compromis d'un paradis ; c'est presque pour elle un pis-aller. Le paradoxe apparent vient alors du fait que la sagesse prêchée par Çakyamuni se fonde sur le renoncement à tous les désirs et même à l'existence, de sorte qu'elle est la condamnation formelle du dionysisme ; et pourtant elle ne conduit pas l'apollinisme, dans la mesure où celui-ci lie le bonheur à l'existence paisible. Il serait plus exact de dire que l'opposition entre ces deux termes est transcendée par une négation absolue. Dans la pratique, le bouddhisme, l'hindouisme et l'islamisme ont pu donner à la civilisation orientale une coloration commune, au-delà des oppositions doctrinales : une certaine indifférence à la situation présente, qui n'est en soi jamais heureuse ni malheureuse, mais extérieure à l'individu, soit parce qu'elle est fatale, soit parce qu'elle appartient au monde des apparences. Il serait pourtant assez artificiel de pousser trop loin ces analogies pour tenter de trouver une unité idéologique dans l'Orient. A la rigueur, on pourrait prétendre que l'Islam est à mi-chemin entre la condamnation bouddhiste du vouloir-vivre et la promotion chrétienne du mérite personnel qui, même dans la perspective janséniste, n'est jamais éliminé par la Grâce comme il l'est par le fatalisme du « Mektoub ».

Si l'opposition entre l'Orient et l'Occident est beaucoup trop incertaine pour permettre une typologie efficace des civilisations actuelles, celle que nous offre la division des sociétés modernes entre capitalisme et socialisme s'impose, par contre, avec évidence. Les idéologies, ici, s'affrontent clairement, bien qu'à vrai dire celle du capitalisme soit fort éloignée d'avoir une cohérence doctrinale comparable à celle du marxisme. On pourrait dire que, dans le premier cas on se trouve en présence d'un simple état de fait. Cependant, du point de vue qui est le nôtre ici, l'absence ou la présence d'une théorie n'est pas nécessairement déterminante. Bien plus, après avoir pris acte des différences dans les structures sociales et politiques, il nous reste encore à nous demander si, en définitive, la manière de concevoir le bonheur et d'être heureux est radicalement différente dans les deux types de société.

Une enquête d'opinion a été réalisée en U.R.S.S. sous la direction de V. Lissovsky [1]. « Que faut-il

1. Cf. *France-U. R. S. S.*, n° 237 (mars 1966), p. 36.

avant tout pour être heureux ? » a-t-on demandé à deux mille jeunes Soviétiques. La condition la plus souvent exprimée (par plus de 1 500 sujets), c'est d'avoir un travail qui plaît. Puis vient, avec un peu moins de 1 500 réponses, l'amour partagé. Trois autres exigences pour une vie heureuse sont mises en avant par un assez grand nombre de personnes interrogées : « Avoir l'estime de son entourage » (par près de 1 200) ; « Avoir un but dans la vie » (par un peu plus de 1 000) ; « Être utile à l'humanité » (par un peu moins de 1 000). Il est assez significatif que le confort et la possession des biens matériels n'apparaissent pas parmi les aspects du bonheur les plus souvent cités ici. Certes, il n'est pas impossible que la manière de poser les questions ou les circonstances mêmes de l'enquête aient exercé quelque influence sur ce résultat. Mais il n'en est pas moins remarquable que les valeurs proprement sociales aient pu, dans cette expérience, rallier un grand nombre de suffrages. La comparaison avec les résultats de quelques enquêtes faites dans des pays occidentaux capitalistes tendrait à montrer que la différence entre les conceptions du bonheur réside principalement dans une coloration plus individualiste dans un cas, plus collectiviste dans l'autre. De toute manière, nous sommes fort éloignés, avec les réponses des jeunes Soviétiques, de l'idéal bourgeois classique.

Cependant, c'est un fait aussi que les gouvernements de la Russie soviétique ont, depuis la fin de l'ère stalinienne, laissé entendre qu'ils s'intéressaient au bonheur immédiat du peuple, en le définissant par rapport à la consommation, au confort matériel. Il est permis de penser que cette évolution dans les proclamations officielles correspond à une transformation semblable dans l'opinion publique. En même temps, la tendance dionysienne, qui était évidente en U.R.S.S. du temps de Staline, s'est tempérée et, sous l'effet des circonstances, en particulier de la politique de coexistence pacifique et surtout de l'élévation du niveau de vie, s'est conjuguée avec une tendance apollinienne qui conduit nécessairement à donner plus d'importance à la recherche du bonheur, celui-ci étant défini cependant en des termes rarement individualistes. L'idéologie marxiste maintient donc sa dominance propre ; mais on souhaite profiter personnellement d'un état social heureux qui, auparavant, était présenté comme une conquête pour les générations futures.

L'opposition entre cet idéal et celui des sociétés de consommation à régime capitaliste va donc en s'amenuisant, d'autant plus que dans ces dernières, inversement, la tendance dionysienne réapparaît. La compétition entre la Russie soviétique et les États-Unis d'Amérique, les problèmes difficiles que ce dernier pays affronte en politique extérieure font que les techniques du bonheur n'y sont plus le moteur social exclusif. Plusieurs sociologues ont noté, par ailleurs, que les caractéristiques de la société industrielle s'imposaient avec une identité qui fait paraître presque secondaires, dans la vie quotidienne, les choix idéologiques et les orientations économiques des pays hautement industrialisés. Au fur et à mesure que l'U.R.S.S. progresse dans cette voie et que les États-Unis sont détournés par la situation mondiale des objectifs intérieurs, ces deux pays amorcent en sens inverse un processus qui, peut-être, les conduira un jour à proposer aux hommes une même idée du bonheur, à mi-chemin entre l'apollinisme et le dionysisme, entre le relatif et l'absolu, entre la jouissance immédiate et la lutte pour l'avenir, avec seulement une nuance plus individualiste ou plus collectiviste suivant l'idéologie sociale dominante ici ou là.

D'autre part, il faudrait tenir compte des traditions et des mentalités propres aux divers pays. D'une façon plus permanente, elles marquent les attitudes générales et peuvent, à l'intérieur d'un même type de société économique, donner des allures différentes aux aspirations. L'âme slave a, certes, été modifiée par le socialisme d'une manière telle qu'elle n'est certainement plus ce qu'elle fut sous le régime tsariste. Cependant, elle subsiste en changeant d'apparence, et la personnalité de base créée par le collectivisme ne saurait être la même en Russie et en Chine. L'humeur changeante, l'intensité des émotions rendent l'homme soviétique plus apte qu'aucun autre à dramatiser sa quête du bonheur.

C'est un chapitre important de la psychologie des peuples qui s'ouvre à nous ; mais les enquêtes sérieuses et les documents font encore défaut, et il faut, le plus souvent, s'en tenir aux vieilles affirmations du sens commun sur le flegme britannique, la lenteur réfléchie des Germains, leur sérieux, leur tendance au romantisme, l'instabilité et la frivolité des Latins, pour en déduire que les Anglais sont, par atavisme, voués à désirer un bonheur calme, apollinien, tandis que les Allemands ont une vocation faustienne et que les Français seraient plus aptes à un équilibre entre ces deux pôles, à moins qu'ils ne manifestent davantage le pluralisme des goûts, l'instabilité des désirs. C'est en tout cas l'impression que l'on recueille des enquêtes fort partielles faites sur ce sujet [1]. Signalons une étude intéressante, qui par ses méthodes dépasse le niveau de ces supputations, tout en les rejoignant par ses conclusions. Comparant les attitudes des Suisses et celles des Espagnols, un spécialiste de la psychologie des peuples a pu montrer que les premiers fondaient leur notion du bonheur sur la sécurité, le progrès

---

1. Cf. par exemple, *Arts et loisirs*, n° 18, 26 janvier 1966.

social et les vertus civiques, cependant que les Ibériques le détachaient des conditions matérielles et l'intériorisaient. Chez les Helvétiques, le bonheur est de tonalité grise; chez les Espagnols, il est fait de contrastes vifs entre le désir de liberté et une intolérance passionnée [1]. Il faut bien préciser qu'aujourd'hui la psychologie des peuples n'a rien à voir avec les considérations de races, et ne cherche nullement à étudier des caractères congénitaux, mais ceux qui sont produits par la culture, les institutions sociales, l'éducation. Il est vrai cependant qu'il peut y avoir un décalage entre ces caractères et les cadres sociaux. Par exemple, les caractères des Chinois, leurs façons de penser n'ont pas été transformés en un jour quand la Chine traditionnelle a disparu. Il y a comme une force d'inertie des « mentalités » qui persiste longtemps malgré les changements sociaux.

Il est probable que, dans le monde actuel, la ligne de clivage la plus importante n'est ni celle de l'Orient et de l'Occident ni même celle du socialisme et du capitalisme confrontés ensemble aux conséquences massives de l'industrialisation et de l'abondance des biens de consommation, mais bien plutôt celle des pays développés et du Tiers Monde. C'est par cette expression qu'on désigne maintenant les pays sous-développés, depuis qu'on s'est aperçu d'une part que cette dernière qualification pouvait sembler péjorative, et d'autre part qu'il y avait parfois de l'hypocrisie à les dire « en voie de développement », puisque, pour le moment, l'écart économique entre eux et les puissances industrielles, loin de s'amenuiser, va en s'accroissant de façon scandaleuse. De la sorte, le mouvement observé par les sociologues dans les pays riches, qu'ils soient capitalistes ou socialistes, vers une technicisation du bonheur n'est nullement

---

1. Raena, *Le bonheur tel qu'on le comprend en Espagne et en Suisse.*

perceptible dans la masse des hommes soumis aux conditions de vie du Tiers Monde, étant bien entendu que la classe hautement possédante, très minoritaire, n'y est nullement caractéristique mais se rallie aisément aux normes et à l'éthique du monde où règne l'abondance.

La population spécifique du Tiers Monde, c'est celle qui est immergée dans une société dominée par l'économie de pénurie et en même temps par des modèles empruntés aux pays industrialisés. En outre, aux bouleversements créés par un début de modernisation plus parcellaire que cohérente et aux besoins nouveaux ainsi créés se superposent les vestiges d'une mentalité archaïque, traditionnelle, ainsi que le rayonnement des élans d'indépendance et du rationalisme. On comprend que le déséquilibre fatalement produit par ces contradictions puisse tantôt étouffer les idées de bonheur, tantôt les hausser au niveau d'une sorte de mythologie. D'autre part, celle-ci peut se présenter ou bien à la manière du mythe traditionnel et entraîner une nostalgie comparable au regret du paradis perdu, ou bien, selon les principes du mythe sorélien comme des appels à l'action, le bonheur étant projeté dans un futur plus ou moins accessible et rêvé. Cette représentation d'une société idéale perdue ou à conquérir favorise le développement du millénarisme.

Les phénomènes d'acculturation, plus précisément le passage difficile de l'équilibre archaïque à une mentalité moderne, peuvent entraîner des formes d'adaptation ou d'inadaptation diverses. Il est des peuples qui meurent pour ainsi dire de désespoir, faute de pouvoir substituer une espérance à la forme de vie primitive qui a été mise en pièces par le contact avec la civilisation technicienne. Il en est d'autres où le début de l'industrialisation suscite un élan, et dans ce cas la vie sociale des pays avancés constitue une sorte de modèle du bonheur qu'on veut acquérir. Cette image joue le rôle d'un stimulant, d'une motivation, comme disent les psychosociologues. Dans certains cas, comme l'a constaté Georges Bastide à la suite d'une enquête sur les étudiants africains en France, les deux cultures, celle des ancêtres et celle qu'on veut acquérir se superposent sans se mêler. Il se produit, dans l'âme de ces étudiants, une sorte de coupure entre deux systèmes de valeurs, et ils se réfèrent tantôt à l'un, tantôt à l'autre.

Au terme de cette rapide revue à travers les divers horizons du monde moderne, une objection se présente probablement à l'esprit du lecteur. En effet, si la sociologie peut effectivement tenter de rechercher quelles caractéristiques chaque type de civilisation donne à la conception que l'on se fait du bonheur, ne laisse-t-elle pas de côté, ce faisant, la question principale. Est-on plus ou moins heureux dans tel cadre social ? Il ne suffit pas en effet de savoir quel est l'idéal par lequel on définit le bonheur ; l'important est de savoir si la société en favorise ou non la réalisation, et, plus encore, si elle fournit un genre d'existence tel qu'on puisse ou qu'on ne puisse pas s'y sentir heureux.

Il serait facile de répondre qu'en réalité ceci est fonction de cela. Suivant que la culture envisagée fait prédominer telle ou telle espèce de représentation du bonheur, elle est plus ou moins apte à combler les vœux qui lui sont associés. Vous ne pouvez pas, dans l'abstrait, poser le problème dans ces termes simplistes : la civilisation rend-elle les gens heureux ? Car on vous interrogera tout de suite pour savoir de quel bonheur vous voulez parler. Et, bien sûr, si vous parlez en sociologue, non en métaphysicien, il vous faudra bien dire que vous vous référez à l'idéal qui est propre à cette civilisation dont il s'agit.

Finalement, on pourrait dire qu'une société a quelques chances de satisfaire les aspirations des individus lorsqu'elle suscite des images du bonheur qui sont cohérentes avec les possibilités qu'elle offre. En ce sens, nous l'avons dit, l'idéal bourgeois du xviiie siècle était, par exemple, en harmonie avec les modèles de vie et les possibilités que cette même classe, à cette même époque, pouvait connaître effectivement. Par contre, l'extension de la notion du bonheur bourgeois à toute une civilisation qui n'était bourgeoise que dans une faible proportion ne pouvait manquer de créer une certaine insatisfaction dans les autres catégories sociales qui se trouvaient ainsi dépourvues d'une échelle de valeurs adaptée à leur condition. Et, de même, quand, au xxe siècle, la bourgeoisie a pour ainsi dire décroché de cette ligne de conduite, quand elle a mis en question son bonheur spécifique, elle s'est trouvée désorientée, vouée à inventer une autre conception ou bien à se sentir malheureuse parce qu'elle ne trouvait plus dans son état une règle qui pût conditionner son adhésion à un modèle de vie heureuse.

Que dire, dans ces conditions, de la civilisation moderne et technicienne, celle qui propose un idéal de vie fondé sur les techniques du bonheur ? Nous avons dit en quel sens il y avait en apparence continuité entre cette forme de bonheur fabriqué et le développement industriel. D'autre part, quand les vœux de l'individu le portent au conformisme, quand il ne conçoit d'être heureux qu'en adhérant aux stéréotypes de la masse, comment la société de consommation ne tendrait-elle pas naturellement à combler ses vœux de plus en plus ? Mais nous avons vu aussi que c'est là une simple apparence, parce que la notion de ce bonheur sur mesure est chargée de contradictions internes. Si l'économie de pénurie avait pour défaut de ne pouvoir satisfaire aux conditions matérielles du bonheur, dans les siècles passés, du moins ne proposait-elle pas de standardiser et d'objectiver la notion du bonheur. Au contraire, le système de la société de consommation consiste à créer des besoins qui sont toujours en avance sur les possibilités d'acquisition et à ne laisser d'autre issue que de faire consister le bonheur dans la réalisation de ces besoins. On vous a dit qu'il fallait avoir une automobile pour être heureux ; mais quand vous l'avez enfin, voilà qu'il vous faut autre chose, ou bien une voiture plus confortable, ou bien des vacances plus longues pour en profiter. Et ainsi de suite. D'autre part, en projetant sans cesse sur des images extérieures, sur les vedettes par exemple, ses aspirations intimes, l'individu se dépersonnalise et ce bonheur auquel il s'identifie lui est aussi étranger qu'un spectacle.

C'est pourquoi, dans la civilisation moderne, il y aura encore de beaux jours pour la conception dionysienne d'une conquête sociale à laquelle on peut vraiment participer en s'engageant personnellement, mais en mettant de côté la recherche immédiate du bonheur, et un bel avenir aussi pour l'espérance d'un paradis dans un autre monde. Au fur et à mesure que la civilisation fait descendre le bonheur humain dans le pur conditionnement, il est fatal que chacun de nous cherche à voir au-delà et porte ses regards avec plus d'insistance vers le sens de l'histoire ou vers l'inconditionné, c'est-à-dire en cherchant une voie dans l'accomplissement social ou dans le dépassement de l'horizon humain. Une fois de plus, nous constatons que le cercle ne peut jamais se refermer. L'homme marxiste et l'homme religieux sont la réponse vivante à la question posée. La civilisation, par son progrès, nous rend-elle plus heureux ? Oui, sans doute, dans la mesure où elle semble nous soutenir dans la course vers un bonheur qu'elle définit selon ses normes. Non, pourtant, puisque cette course même, à chaque nouvelle étape dans la conquête des conditions du bonheur, nous fait différer le terme dans l'infini d'une histoire dont elle indiquerait le sens, ou bien en dehors de toute condition.

La sociologie du bonheur, d'ailleurs, ne peut évidemment pas avoir la prétention de pénétrer dans le for intérieur des individus. Elle devrait être complétée d'abord par des études de psychologie sociale portant notamment sur les possibilités et les manières diverses qui sont offertes à chacun de se rattacher à divers groupes en adoptant, en rejetant ou en combinant leurs éthiques respectives. Par exemple, si l'on prend le problème au niveau des classes sociales et des catégories socio-professionnelles, il faudra se demander si les personnes appartenant à l'une de ces catégories par leur fonction réelle sont culturellement rattachées à elle et surtout si, pour évaluer leur degré de contentement elles ne se réfèrent pas principalement à une comparaison avec d'autres groupes. D'intéressantes expériences ont été faites par Festinger dans ce domaine au sujet du niveau d'aspiration des individus. Lorsque le statut social est considéré comme un élément important du bonheur, le sujet interrogé se déclare satisfait s'il atteint le niveau moyen correspondant au statut de son groupe ; mais cette évaluation est modifiée le plus souvent par une comparaison avec d'autres groupes. Et si le niveau de la catégorie sociale à laquelle on se réfère est supérieur à celui de la classe à laquelle on appartient, l'effet peut être démoralisant ; dans le cas contraire, il est stimulant. En d'autres termes, ces enquêtes confirment une des affirmations courantes du sens commun ; on s'estime plus facilement heureux quand on regarde ceux dont les conditions objectives d'existence sont moins favorables.

Il est certain, d'autre part, que, dans un même contexte, les hommes ont des attitudes différentes suivant leur âge. Une enquête faite par Meltzer montre que les travailleurs d'une entreprise ont de plus en plus tendance à s'estimer heureux au fur et à mesure qu'ils avancent en âge. D'autre part, les jeunes, dans leur conception du bonheur, attachent plus d'importance aux loisirs dont ils disposent et aux perspectives de promotion, tandis que les ouvriers âgés songent surtout à la stabilité de leur travail et de leur genre de vie [1]. D'une manière plus générale, l'état d'esprit dionysien est plus répandu dans la jeunesse, tandis que l'âge rassis porte davantage à la notion apollinienne d'un bonheur en repos fondé sur la sagesse.

La sociologie ne peut, de toute manière, que fournir une analyse des schèmes de pensée qui sont offerts par l'ambiance sociale et aussi une estimation du degré de conformité qui est imposé par l'imprégnation culturelle. Mais il reste toujours une certaine marge pour la psychologie individuelle. Même une société qui impose des normes et des valeurs par une éducation contraignante ne peut uniformiser les caractères. Si elle est apollinienne, elle parvient dans une certaine mesure à étouffer ou minimiser les dispositions dionysiennes, non pas à les effacer. Il y a toujours des individus originaux ou mal adaptés, des personnalités fortes ou irréductibles qui ne sont pas conformes à la personnalité de base. Cette variabilité peut aller jusqu'à la rébellion contre les valeurs du groupe. Dans chaque civilisation, on pourrait trouver des sujets qui se définissent par réaction contre les idées reçues et qui, en particulier, cherchent leur bonheur dans des voies fort différentes de celles que prétend tracer pour eux l'éducation officielle.

---

1. Meltzer (H.), *Age differences in happiness and life ajustments of workers.*

Sans même aller jusqu'à ces extrêmes, on doit constater que les images du bonheur caractéristiques d'un groupe social reçoivent une coloration différente suivant le tempérament des membres de ce groupe.

La caractérologie fournirait ici d'utiles indications. Il existe, par exemple, une corrélation bien connue entre d'une part la tendance apollinienne et le caractère que Jung nomme introverti, c'est-à-dire renfermé sur soi, et, d'autre part, entre l'attitude dionysienne et le caractère extraverti, largement ouvert sur l'extérieur. C'est dire, bien sûr, que les personnes extraverties ont quelque chance de se sentir plus à l'aise dans une société dionysienne et d'y trouver plus aisément des motifs d'être heureuses, et que les sujets introvertis ont plus de difficulté à y trouver du contentement, mais dans la mesure toutefois où ils ne parviennent pas à projeter totalement hors de l'ordre social leur conception du bonheur. Ainsi, de la sociologie des cultures à la psychologie des individus, en passant par l'étude des classes et des groupes ou par la caractérologie, on pourrait trouver, face au problème du bonheur, une certaine continuité dans les classifications qui expliquerait à la fois les phénomènes de tension, les déséquilibres et aussi les convergences et les possibilités d'adaptation.

Il resterait à examiner une question qui serait symétrique de celle que nous évoquions précédemment. En effet, après s'être demandé si la civilisation est en soi un élément positif ou négatif dans la marche vers le bonheur, on pourrait chercher à savoir si, inversement, la quête du bonheur contribue ou non au progrès des civilisations.

Il paraît évident que la complicité entre la stabilité sociale, la quiétude apollinienne, l'enracinement dans une condition humaine bien réglée et la primauté accordée au bonheur conduit ici à une réponse négative. Tout progrès suppose un changement, c'est-à-dire l'abandon des normes établies et par conséquent une mise en question de l'équilibre acquis, un arrachement douloureux au petit paradis du confort douillet. Il faut, pour faire évoluer ces grands corps que sont les collectivités, proposer aux foules autre chose que la possession d'une existence heureuse. Bergson, en distinguant les sociétés ouvertes des sociétés closes, avait bien compris que les premières, en vibrant à l'appel du héros, doivent accepter avec lui une épreuve. Les grands créateurs de civilisations nouvelles, Socrate ou Jésus, n'ont pas eu, du moins sur terre, ce qu'on appelle un sort heureux, et ceux qui les ont suivis n'ont pas placé au-dessus de tout leur félicité, ni prêché l'assoupissement sans drame.

En réalité, le problème est plus complexe qu'il ne le paraît dès l'abord. Car Socrate proposait une morale originale dont on pouvait escompter qu'elle conduirait l'humanité vers une nouvelle forme de bonheur, plus riche parce qu'elle serait plus vraie. Et Jésus promettait l'accès à un royaume qui, pour n'être pas de ce monde, n'en était pas moins la raison d'être de sa prédication. Sur un autre plan, Karl Marx, nous l'avons dit, justifiait l'adhésion au mouvement dialectique de l'histoire par la certitude qu'il menait les générations futures, non peut-être à un paradis terrestre, mais du moins à la conquête d'une nouvelle condition humaine affranchie des multiples aliénations, et, de ce fait, plus sérieusement heureuse. Finalement, il apparaît que le progrès culturel suppose, certes, l'abandon, la mise à l'écart ou même la condamnation de l'idéal du bonheur tel qu'il s'est immobilisé dans l'état présent de la société. Mais en même temps, le passage du clos à l'ouvert, la mutation qui fonde la civilisation de demain ne sont possibles que si, à l'horizon, se dessine une nouvelle façon d'être heureux, ou si même la porte de l'avenir s'entrouvre sur un coin de paradis. Nous voici ramenés à notre point de départ : l'image floue mais agissante que nous évoquions dans les premières pages de ce livre, celle dont nous dénoncions les équivoques sur le plan intellectuel mais la puissance dans le domaine de l'action et du sentiment, nous la retrouvons au point où le bonheur se transforme pour provoquer la civilisation à se dépasser.

Peut-on, cependant, affirmer que la plus récente mutation, celle que provoque l'industrialisation et l'avènement de la culture de masse, est, elle aussi, justifiée par le recours à une nouvelle perspective paradisiaque? Rien n'est moins certain. Car, maintenant, ce n'est plus l'initiative de l'homme inspiré, ce n'est plus l'appel du héros bergsonien, ce n'est même pas la prédication d'un théoricien génial qui secoue la fourmilière de la société enfermée dans son inertie. C'est le progrès technique, c'est-à-dire, certes, une invention humaine, mais pensée en dehors de tout humanisme, qui se développe pour ainsi dire de façon autonome, qui procède des savants mais leur échappe dans ses conséquences sociales. Le machinisme progresse pour lui-même et par lui-même. Il sécrète sa propre définition du bonheur et nous l'impose. Les philosophes n'ont plus que la dérisoire mais nécessaire tâche de maintenir ouverte la porte sur le paradis, ou bien de constater que l'histoire leur échappe et que le bonheur n'est plus leur enfant chéri mais un produit standardisé.

On peut garder cependant la consolation de penser que le bonheur reste encore l'apparence dont le nouveau mode d'existence est obligé de se parer pour se faire accepter. La civilisation technicienne s'humanise au moins en cela qu'elle se veut une civilisation du bonheur. Et, finalement, c'est peut-être en prenant à la longue ce subterfuge pour une vocation qu'elle se sauvera et nous rapprochera du paradis. Le bonheur fabriqué par le machinisme peut toujours être mis en question, ou plutôt même son insistance à se présenter comme la justification suprême rend la question plus pressante. On nous embarque de force dans la course au bonheur. Mais il nous appartient encore d'en voir les insuffisances et les avantages, il nous est possible de regarder au-delà, en gardant nos cœurs ouverts à l'éternelle séduction du paradis.

PREMIÈRE PARTIE : *Les paradis*

I.	Le mot et l'idéal	9
II.	Evolution et fonctions sociales	21
III.	Les voies d'accès	45
IV.	Paradis promis et perdus	53

DEUXIÈME PARTIE : *Les avatars du bonheur*

V.	Le secret	77
VI.	La technique du bien-être et l'idéal féminin	89
VII.	Techniques de l'âme et artifices	117
VIII.	La relativité	141

TROISIÈME PARTIE : *Le bonheur des uns et le paradis des autres*

IX.	Typologie du bonheur	167
X.	L'apport de la civilisation	189
XI.	Ici et là, hier et demain	207

DU MEME AUTEUR

LA PSYCHOLOGIE DU PRISONNIER DE GUERRE (Édit. P. U. F., 2e édit., 1945), ouvrage couronné par l'Académie française et par la Société des gens de lettres.

C'EST MOURIR BEAUCOUP (Édit. Armand Fleury, 1946).

PSYCHOLOGIE DE LA JOIE (Édit. Michel Brient, 2e éd., 1962).

CABANIS (en collaboration avec C. Lehec) (Édit. P. U. F., 2 vol. 1956).

LES DIEUX DANSENT A CIBOLA (Édit. Gallimard, 1957).

LA PHILOSOPHIE MÉDICALE DE RAVAISSON (Édit. P. U. F., 1957).

LES RITES ET LA CONDITION HUMAINE (Édit. P. U. F., 1957), ouvrage couronné par l'Académie française.

LA MENTALITÉ ARCHAÏQUE (Édit. Armand Colin, 1961,) ouvrage couronné par l'Académie des sciences morales et politiques.

Traduction (en collaboration avec Kaelin et Thibault) de G. H. Mead, L'ESPRIT, LE SOI, LA SOCIÉTÉ (Édit. P. U. F., 1963).

SOCIOLOGIE DE LA RADIO-TÉLÉVISION (Édit. P. U. F., (2e éd., 1965 ; traduction japonaise, édit. Hakusuisha).

LA GRANDE CHANCE DE LA TÉLÉVISION (en collaboration avec J. Oulif) (Édit. Calmann-Lévy, 1963).
LES MYTHOLOGIES (Édit. Hachette, 1966).

Collaboration à des ouvrages collectifs.

LES JEUX DE VERTIGE et L'ESPRIT LUDIQUE DANS LES INSTITUTIONS (in *Les Jeux*, sous la direction de R. Caillois, Édit. Gallimard).
LE CONCEPT DE SOCIÉTÉ ARCHAÏQUE (in *Traité de sociologie*, sous la direction de G. Gurvitch, P.U.F., 1960).
LES DANSES SACRÉES EN ORIENT (in *Les Danses sacrées*, Édit. du Seuil, 1963).

L'ETHNOLOGIE (Édit. Larousse).

DERNIÈRES PARUTIONS

275. Manès Sperber — *Alfred Adler et la psychologie individuelle.*
276. Jean Dubuffet — *L'homme du commun à l'ouvrage.*
277. Pol Bury — *L'art à bicyclette et la révolution à cheval.*
278. François de Closets — *En danger de progrès..*
279. Georges Mathieu — *De la révolte à la renaissance, au-delà du tachisme.*
280. Étiemble — *L'écriture.*
281. Montherlant — *Service inutile.*
282. Platon — *Le banquet ou de l'Amour.*
283. Association « Choisir » — *Avortement : une loi en procès.*
284. André Breton — *Entretiens.*
285. C. G. Jung — *Dialectique du Moi et de l'Inconscient.*
286. Benedetto Croce — *Histoire de l'Europe au XIXe siècle.*
287. Eugène Ionesco — *Journal en miettes.*
288. Jean Piaget — *Biologie et connaissance.*
289. Oulipo — *La littérature potentielle.*
290. Jacques Lacarrière — *Les gnostiques.*
291. Jean Bastaire — *Péguy tel qu'on l'ignore.*
292. Pierre Massé — *La crise du développement.*

293.	Michel Borwicz	*Écrits des condamnés à mort.*
294.	Jacques Rancière	*La leçon d'Althusser.*
295.	Jean-Paul Sartre	*Un théâtre de situations.*
296.	Paul Gauguin	*Oviri. Écrits d'un « sauvage ».*
297.	Léon Bloy	*Exégèse des lieux communs.*
298.	Jean Paulhan	*Les fleurs de Tarbes.*
299.	Alfred Max	*La Chine comme si vous y étiez.*
300.	Jacques Madaule	*Le drame albigeois et l'unité française.*
301.	Alexandre Koyré	*Du monde clos à l'univers infini.*
302.	Élie Halévy	*Histoire du socialisme européen.*
303.	Wilhelm Stekel	*La femme frigide.*
304.	Daniel Guérin	*Bourgeois et bras nus (1793-1795).*
305.	Pierre Mendès France et Gabriel Ardant	*Science économique et lucidité politique.*
306.	Georges Bataille	*Théorie de la religion.*
307.	Friedrich Nietzsche	*Sur l'avenir de nos établissements d'enseignement.*
308.		*Upanishads du Yoga.*
309.	Georges Friedmann	*Leibniz et Spinoza.*
310.	Boris Pasternak	*Essai d'autobiographie.*
311.	Emmanuel Jacquart	*Le théâtre de dérision.*
312.	Antonin Artaud	*Les Tarahumaras.*
313.	Salvador Dali	*Journal d'un génie.*
314.	Antoni Tàpies	*La pratique de l'art.*
315.	Marcel Marnat	*Michel-Ange.*
316.	Jean Baudrillard	*La société de consommation.*
317.	Antoine de St-Exupéry	*Lettre à un otage.*
318.	Adam Smith	*La richesse des nations.*
319.	Ernst Jünger	*Approches, drogues et ivresse.*
320.	Albert Memmi	*Juifs et Arabes.*
321.	Henri Guillemin	*Nationalistes et nationaux (1870-1940).*

322.	Friedrich Nietzsche	*Aurore.*
323.	C. G. Jung	*Un mythe moderne.*
324.	Jean Prévost	*La création chez Stendhal.*
325.	Friedrich Nietzsche	*Par-delà bien et mal.*
326.	Thomas De Quincey	*Les confessions d'un opiomane anglais.*
327.	E. M. Cioran	*La tentation d'exister.*
328.	Mircea Éliade	*Techniques du Yoga.*
329.	J.-L. Barrault	*Comme je le pense.*
330.	François Caradec	*Isidore Ducasse, comte de Lautréamont.*
331.	Charles Fourier	*Vers la liberté en amour.*
332.	Mircea Éliade	*Initiations, rites, sociétés secrètes.*
333.	Jean Lecerf	*La communauté en péril.*
334.	Pierre Naville	*La révolution et les intellectuels.*
335.	Peter Nagy	*Libertinage et révolution.*
336.	Association M. A. D.	*Les femmes s'entêtent...*
337.	Miklós Molnár	*Marx, Engels et la politique internationale.*
338.	Guillaume Apollinaire	*Le flâneur des deux rives.*
339.	Jean T. Desanti	*Introduction à la phénoménologie.*
340.	Jean-Paul Sartre	*Critiques littéraires.*
341.	Thomas De Quincey	*De l'Assassinat considéré comme un des Beaux-Arts, suivi de La Malle-Poste anglaise.*
342.	Geneviève Rodis-Lewis	*Épicure et son école.*
343.	Eugène Ionesco	*Présent passé, passé présent.*
344.	Ludwig Wittgenstein	*De la certitude.*
345.	Jean Boechler	*Qu'est-ce que l'idéologie ?*
346.	George Orwell	*La Catalogne libre (1936-1937).*
347.	Lie tseu	*Le vrai classique du vide parfait.*

348.	David I. Goldstein	*Dostoievski et les Juifs.*
349.	Alexandre Koyré	*La philosophie et le problème national en Russie au début du XIXe siècle.*
350.	Jean Duranson	*Georges Bataille.*
351.	André Jacob	*Introduction à la philosophie du langage.*
352.	Sigmund Freud	*Délire et rêves dans la « Gradiva » de Jensen.*
353.	Sigmund Freud	*Essais de psychanalyse appliquée.*
354.	Jean Piaget	*Le comportement, moteur de l'évolution.*
355.	Robert Lafont	*Autonomie — De la région à l'autogestion.*
356.	Marc Saporta	*Histoire du roman américain.*
357.	Roger Caillois	*L'Homme et le Sacré.*
358.	Martin Ghégor-Dellin	*Richard Wagner au jour le jour.*
359.	Roger Caillois	*Cohérences aventureuses.*
360.	Henriette Levillain	*Le rituel poétique de Saint-John Perse.*
361.	E. M. Cioran	*Syllogismes de l'amertume.*
362.	Alain	*Propos sur le bonheur.*
363.	Léo Hamon	*Socialisme et pluralités.*
364.	Gabriel Ardant	*Histoire financière de l'Antiquité à nos jours.*
365.	Willy Brandt, Bruno Kreisky et Olaf Palme	*La social-démocratie et l'avenir.*
366.	John Kenneth Galbraith	*L'argent.*
367.	Andréi Sakharov	*La liberté intellectuelle en U.R.S.S. et la coexistence.*
368.	Daniel Guérin	*L'anarchisme.*
369.	Sœren Kierkegaard	*Le concept de l'angoisse.*
370.	Jean-Paul Sartre	*Questions de méthode.*
371.	Platon	*Apologie de Socrate, Criton, Phédon.*

372.	Marshall McLuhan	*La galaxie Gutenberg*, tome I.
373.	Marshall McLuhan	*La galaxie Gutenberg*, tome II.
374.	Jean et Jacqueline Fourastié	*Pouvoir d'achat, prix et salaires.*
375.	Maurice Merleau-Ponty	*Les aventures de la dialectique.*
376.	Albert Camus	*Actuelles.*
377.	S. Freud	*Un souvenir d'enfance de Léonard de Vinci.*
378.	Laurence Thibault	*La peine de mort en France et à l'étranger.*
379.	Klaus Völker	*Brecht au jour le jour.*
380.	François Aubral et Xavier Delcourt	*Contre la nouvelle philosophie.*
381.	Alain Peyrefitte	*Le mythe de Pénélope.*
382.	***	*Claude Levi-Strauss*
383.	E. M. Cioran	*Histoire et utopie.*
384.	Friedrich Nietzsche	*Crépuscule des idoles.*
385.	Claude Olievenstein	*La drogue.*
386.	Friedrich Nietzsche	*L'Antéchrist.*
387.	Jean Giono	*Écrits pacifistes.*
388.	Casamayor	*L'art de trahir.*
389.	Platon	*Dialogues socratiques.*
390.	Friedrich Nietzsche	*Ecce homo.*
391.	***	*La révolution kantiene.*

*Cet ouvrage
a été achevé d'imprimer
sur les presses de l'Imprimerie Bussière
à Saint-Amand (Cher), le 3 mai 1978.
Dépôt légal : 2ᵉ trimestre 1978.
N° d'édition : 23821.
Imprimé en France.
(894)*